学生が実現した展示会

―ボクらのコウサ展ものがたり―

コウサ本制作委員会

コウサ展
Crossing Exihibition 2005
at DAIKANYAMA Hillside Terrace Annex-a 5-6.Feb

コウサ展

18

16

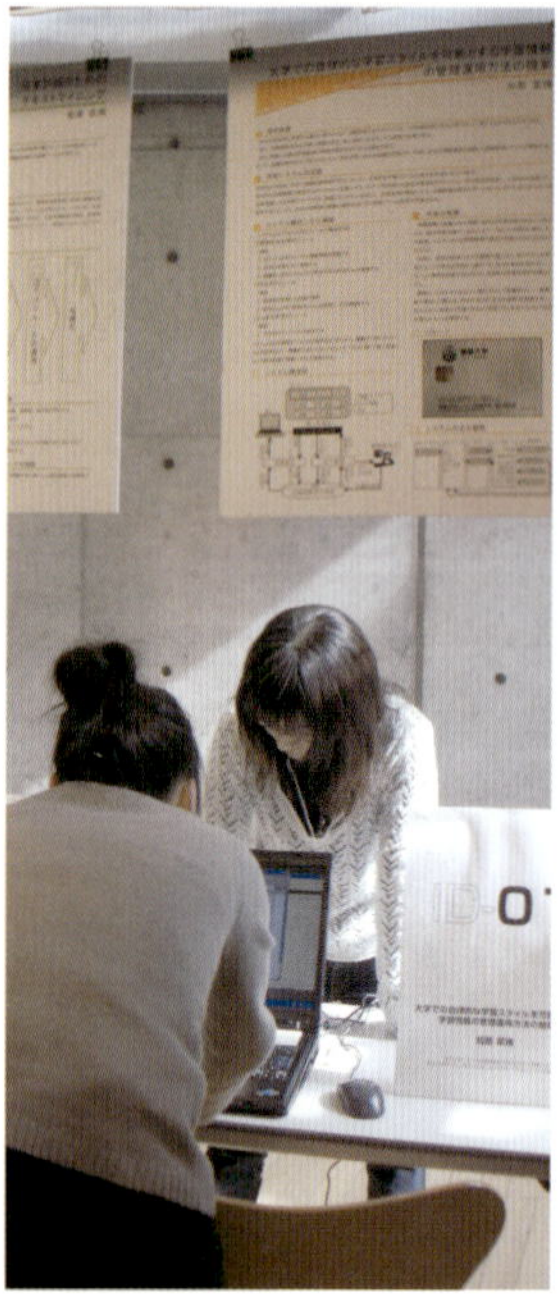

05

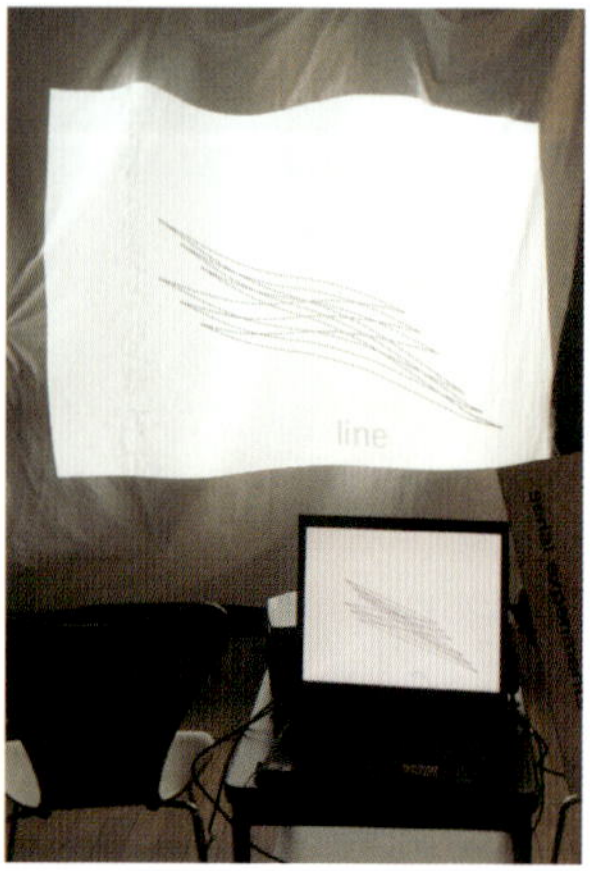
line

04

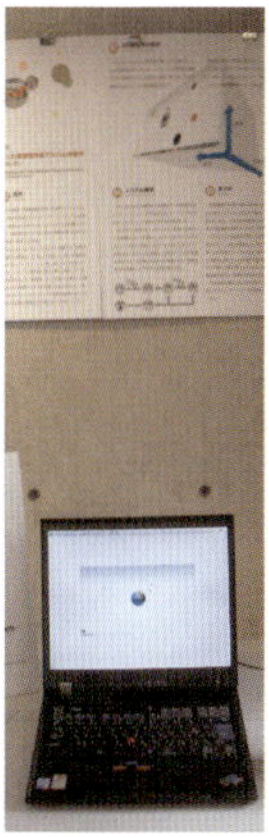

20

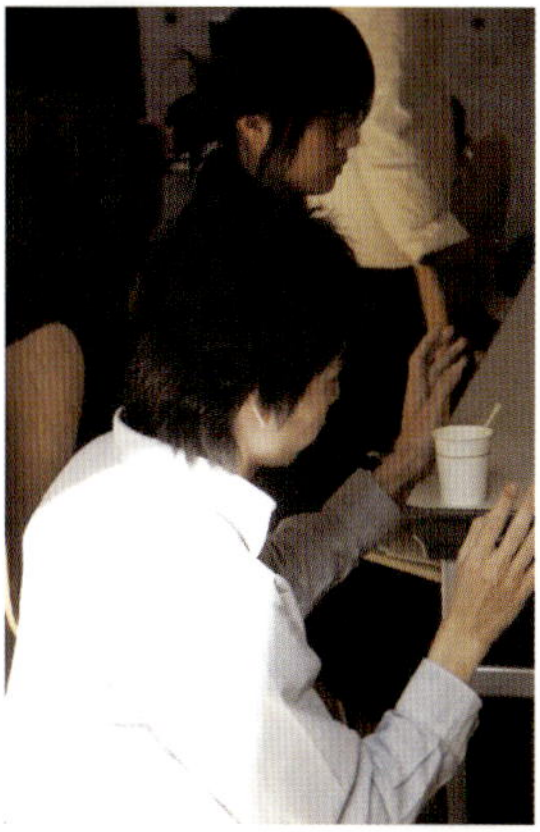

コウサ展

第 1 回コウサ展 DM

とにかく目立つことを一番に考えた DM。全面に入れたストライプの印象を残すことが出来た。

配色決定前の DM

どんな配色にするか悩んだ末、何パターンもの配色を考えた。

第 1 回コウサ展パンフレット

DM のロゴの色が目を引く。シンプルでとても見やすいものになっている。

コウサ展

Crossing Exhibition 2006
at Miraikan 7F Innovation Hall

日本科学未来館

コウサ展

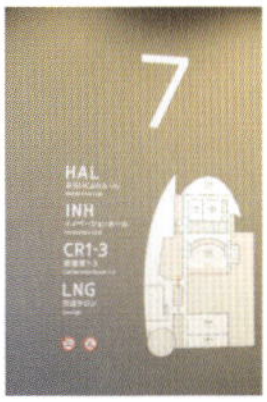
7
HAL
INH
CR1-3
LNG

情報による意思の選択
バスと徒歩、あなたはどちらを選びますか？
ID - 11

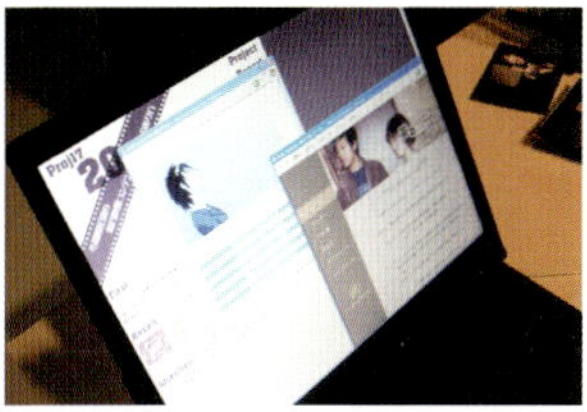

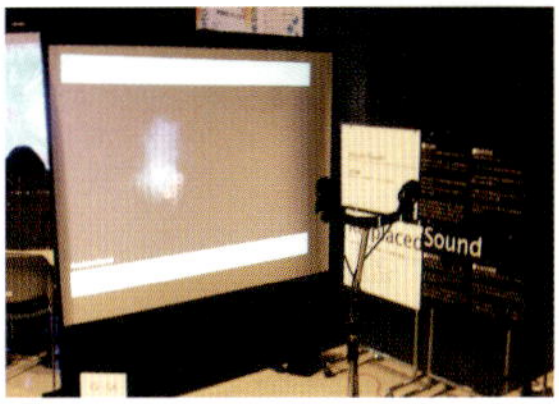

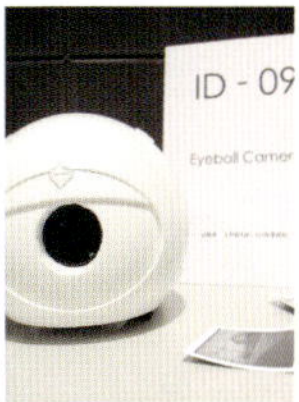
ID - 09

第２回コウサ展 DM

「目に留まる工夫」を試行錯誤している時、先生のアドバイスで DM 自体の大きさを大きくすることにした。

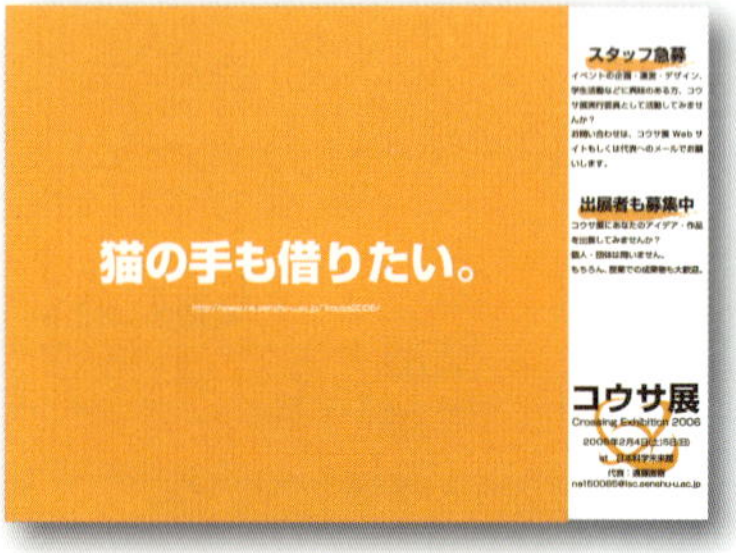

スタッフ募集ポスター

広くスタッフの募集をかける際に制作したポスター。オレンジ色に大きく入れたキャッチが印象に残っていた人が多かった。

第２回コウサ展パンフレット

来場者数が予想を大幅に越えたため、すぐになくなってしまったパンフレット。

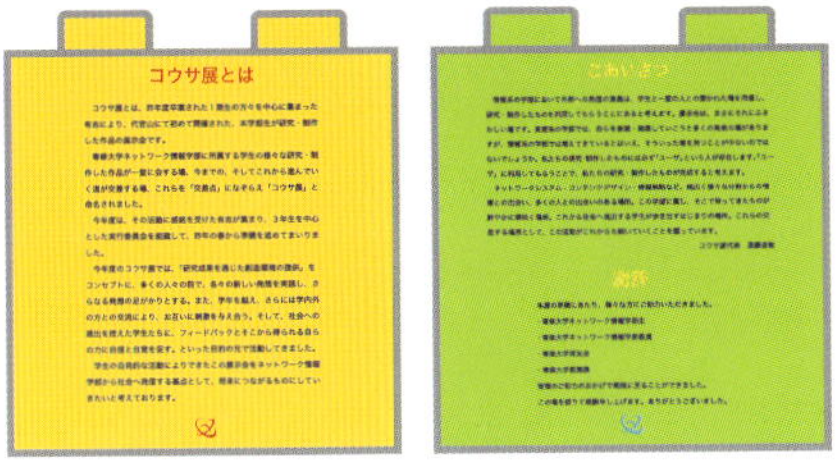

コウサ展パネル

モチーフに使用したブロックに見立てて
ブロック型に作り、パネルもこれに合わ
せて切った。

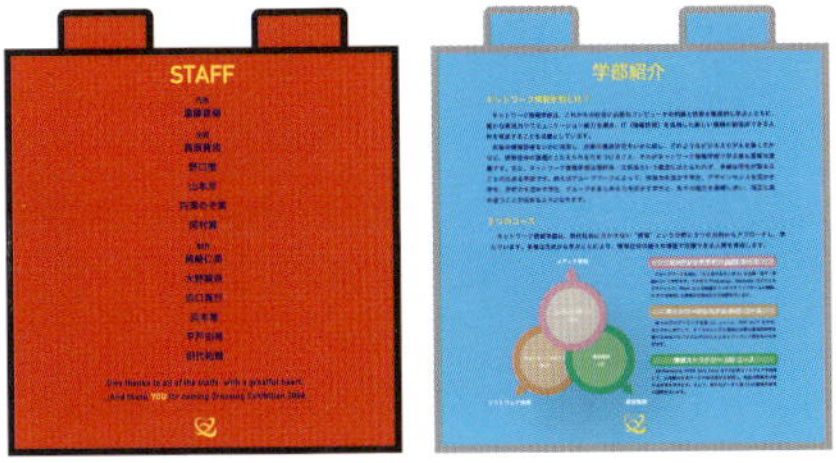

第２回コウサ展 web サイト

http://www.ne.senshu-u.ac.jp/~kousa2006/index.html

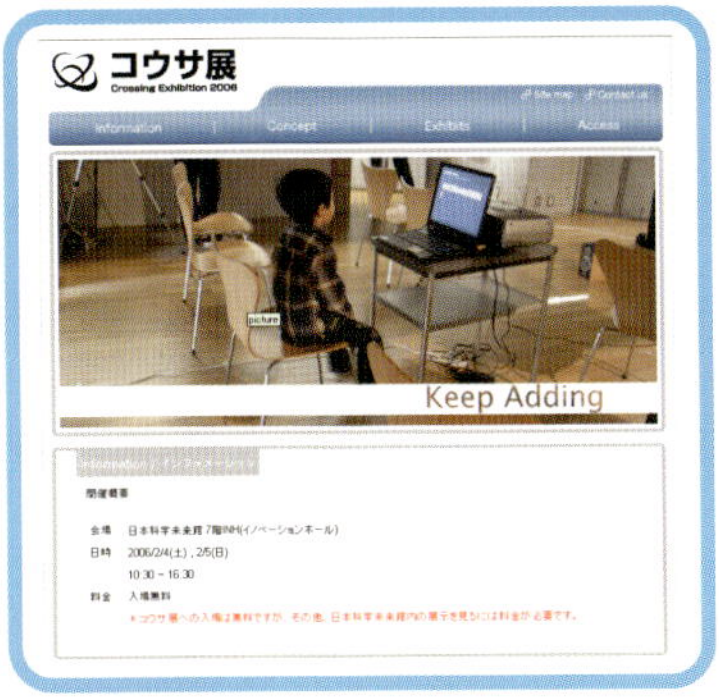

出展者募集 DM

出展者を募集する際に
制作した DM。スタッ
フ募集のポスターとイ
メージを統一した。

第２回コウサ展ポスター

通常 A2 サイズで作るポスターを、モチーフになったブロックに合わせて正方形 ×2 の大きさにした。

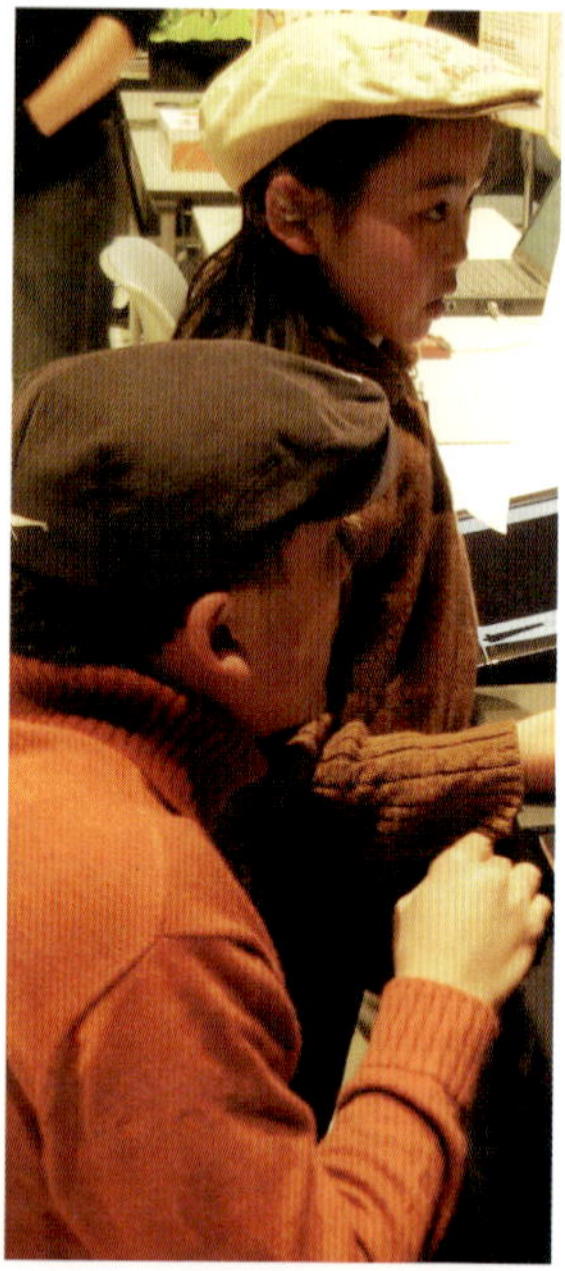

コウサ展

Crossing Exhibition 2007

第３回コウサ展 DM

グラデーションと円を使用したデザインを基本として、円に対して四角をプラスして効果を出した。

四角でグラデーションを作り出したらモザイクのようになり、きれいに見えるのではないかと考えた。四角が小さすぎると見た目に邪魔なので 16 分割に抑えた。

第３回コウサ展パンフレット

どんな人でも入りやすいイメージを出すために、固い言葉を省き、できるだけシンプルに仕上げた。当日の会場で配布するので、時間や場所などの余分な情報は省き、中折の部分にコウサ展の概要の簡単な文章を入れた。

第３回コウサ展 web サイト

http://www.ne.senshu-u.ac.jp/~kousa2007/

出展者募集用フライヤー

今年のコウサ展カラーである赤と黄色を全面に押し出し、" 盛り上がろう " という強い思いを意識。

インパクトある中央の白いオブジェは " 結び "" つながり " をイメージしている。

学内用ポスター

展示会には、裏方のスタッフとメインの出展者がいる。その違いを色で分けた。

メインである出展者はコウサ展カラーの黄色と赤で、スタッフは裏方なので静かなイメージの青でデザインした。

コウサ展

Crossing Exhibition 2005
at DAIKANYAMA Hillside

ご挨拶

様々な分野の研究が行われるネットワーク情報学部。そこに集まった人達が一堂に会するコウサ展。「見どころは何か」と問われれば、「人である」と答えます。もちろん出展内容そのものも面白いものが集まったと思います。しかし、あえてここではそこに限らずそれを生み出した「人」そのものを見ていただきたいと思うのです。

どんなものであれ、モノを作る・コトを生むということにはとてもエネルギーがいると思います。学校での勉強をはじめ、学生生活の中でモノを作る・コトを生むために試行錯誤を繰り返す経験を私たちは積んできました。その経験をもとに、外に発表する場をも作っていくエネルギーを持った出展者・スタッフこそ、このイベントの一番の見どころであると私は考えています。

是非、声をかけてみてください、耳を傾けてみてください。そこから、出会い、ひろがり、はじまっていくモノ・コトが一つでも生まれれば、このイベントの目標は達成できたといえるのではないでしょうか。

コウサ展 2005 代表

第一回コウサ展代表からのご挨拶

目次

はじめに――この本とコウサ展のこと

この本は、専修大学ネットワーク情報学部の学生がすべての運営を行う、コウサ展という学外展示会に関わった者たちの軌跡の記録である。

第一回コウサ展は二〇〇五年二月に開催され、翌年には二回目が、そしてこの本が発行される頃には三回目が開催されているはずである。コウサ展のコウサとは、いろいろな領域の仲間が交差する、いろいろな学年、卒業生、教員、学外の人々が交差する、そんな意味が込められている。理系と文系、情報とデザインと経営、いろいろな分野が入り混じるボクらの学部だからこそできることをしたい、そんな思いからつけられた名称だ。

大学生は、けっこう自由だ。でもその自由をうまく使い切っているか、というとそうでもない。ボクらの周りにも、なんとなく四年間の大学生活を過ごしてしまう学生は少なくない。不満は言うけど、自分からは何もしようとしない人たちもいる。そんな中で、もうじき卒業を迎えるボクらは、大学という場で、自分たちの力で、自分たちのやりたいことを求めて挑戦してきたという自負がある。

第一回コウサ展はネットワーク情報学部一期生の有志によって始められ、

その後も代々学生有志によって受け継がれてきた。コウサ展に関わった学生は学部の中では少数だ。でも、ボクらを含め、実行委員としてコウサ展を運営した学生たちの思いはけっこう熱い。出展した学生たちが取り組んだ研究の中には、学部を代表し、社会でも認められた優れた研究や制作がたくさんある。三回のコウサ展だけでも、凝縮された充実した歴史があるのだ。

とはいえボクらがやってきたことは、それほどたいしたことじゃない。普通の大学生が普通に大学生活を送る中で、ちょっとしたきっかけから自分たちの成果を世に問う展示会を開いた、というだけだ。世の中にはすごい大学生はたくさんいる。同じ年なのに、世間から脚光を浴びたり、メディアに取り上げられたりする人たちもいる。でも、そういう大学生はほんの一握りだ。大多数の大学生は、普通に大学生活を送っている。けれど、その普通の中でも、ささやかなやり方で自己主張をし、自分の存在を確認しようとしている、それが大事なことだと思う。

大学の時間の流れは速い。一期生はすでに卒業して社会人となり、三期生のボクらの大学生活ももう残りわずかだ。後輩たちにしても、きっとあっという間に社会に出て行くだろう。そうなると、コウサ展がどういう経緯で始まり、どんなふうに受け継がれてきたのか、わからなくなってしまうかもしれない。だからこそ今この時期に、コウサ展のものがたりをボクらの手でまとめて、残しておきたいと考えた。

だがこの記録は、一学部のとある展示会の記録にとどまるものではない。ボクらの試行錯誤は、他の大学生が自ら展示会を開こうと思ったときに役立つはずだ。何も知らなければ、同じ苦労を繰り返すだろうけれど、大学生が展示会を開くノウハウを少しでも知っていれば、挑戦はしやすくなるだろう。さらに、大学生だけではない。世の中には、本当はこんなことがしたい、自分のこんな成果を見て欲しい、と思っている人は少なくないに違いない。ボクらの周囲がそうだったように、そんなことできないと諦めてしまったり、物好きがやることだよ、と人に言われてすくんでしまったりしたら、開ける道も開けなくなる。自分の思いをカタチにする勇気があれば、ほんのちょっとしたきっかけや、同じ思いを持つ仲間との出会いで、夢は実現する。本書はそういう、一歩を踏み出したい多くの人たちに向けたメッセージでもある。

なおこの本は、二〇〇七年二月現在大学四年次生のボクらを主語にして書いている。一期生から六期生までの学生有志のものがたりを、三期生であるボクらがまとめることで、ボクらが経験したことを、ボクらの目線で書くスタイルになっている。ただし、先輩や後輩、仲間たちの考えや思いを、直接話を聞いたり、メールでやりとりをしたりして、できる限り生の声を集め、反映させるようにした。

本書の企画をきっかけにして、すでに社会人になっている第一回コウサ展の実行委員の一期生二名を招いて、本書の執筆メンバーと第二回コウサ展実行委員の三期生、第三回コウサ展実行委員の四期生や六期生も一緒に、二〇〇六年九月三十日に座談会を開いた。これだけのメンバーが一堂に会することは今までなかったし、これからもないだろう。一期生がどんな苦労をして最初のコウサ展を立ち上げたか、一回目の開催を手伝ったボクら自身、はじめて知ったことも多かった。このときの座談会の記録も、本書の中にふんだんに取り入れられている。

ボクらにとって、本をつくることはまったくはじめての経験だ。企画、取材、執筆まで、みんなで分担し協力しあい、企画段階から議論を重ね、試行錯誤を繰り返した。さらに版下データもすべてボクらでつくることになり、デザインの検討やレイアウトの作成など、暗中模索で進めた。最後は、原稿のミスをひとつひとつ修正していくことの繰り返し。そうやってこの本は出来上がった。

その過程で、多くの人たちの協力や助言をいただいた。メールでの取材に応えてくださった方々、デザインについてのアドバイスをくださった方々、草稿を読んでコメントしてくださった方々、写真や資料を提供してくださった方々…。たくさんの卒業生、在学生のみなさん、教員や職員の方々が力を貸してくださった。心から感謝したい。

第一章

ボクらと大学

大学って何をするところ?

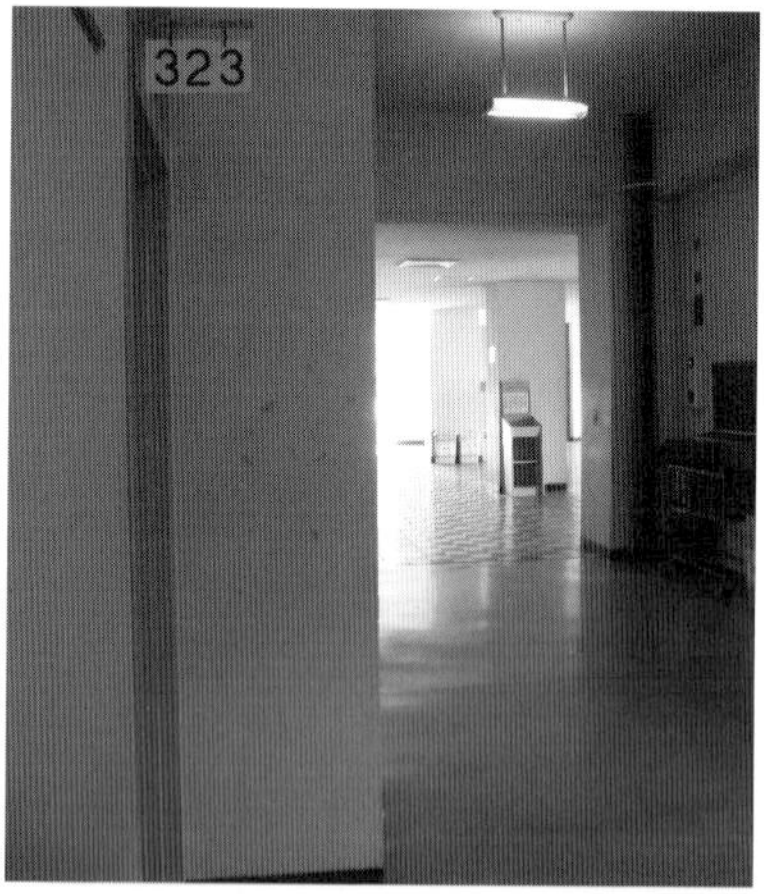

「少子化が進んでもうすぐ大学全入時代が来る」と言われてしばらくたつようだけど、大学受験でそんなもの実感できるわけではなかったし、「昔は大学なんて限られた人しか行くものじゃなかったのに」なんて言われてもいまいち想像ができない。ただボクらにとっても大学受験は変わらず頭の痛い問題であり、当然のように存在する選択肢の一つだった。

高校卒業後の進路は多彩だ。大学進学はもとより、専門学校だってかなりの数が存在するし、高卒でバリバリ働きに出る人だってたくさんいる。世の中は選択肢にあふれている。簡単に決められるわけがない。

とにかく勉強していい大学に入ることが大切だと言う大人たちもいるけれど、いい大学に行ってじゃあ何をするのかなんて、大人たちの言葉に答えはなかった。将来のことを考えて大学を選べという人もいたけれど、具体的にゆるぎない将来像がなければ迷いが増えるだけだった。短期集中で詰め込み式の受験勉強なんて馬鹿みたいだと思うこともあったし、できることなら勉強漬けの生活なんてしたくない、というのも本音だった。それに将来の為の技術を学ぶだけなら専門学校のほうが適切だ、という意見も無視できない。

ただそれでも、大学に行ったら何か面白いことが学べるかもしれない、という期待も確かにあった。

どうせ大学に行くなら、やりたいことはもちろん、いろいろできなきゃ面白くない。でも、「じゃあやりたいことって具体的には何？どの大学でできるの？」と聞かれて、パッと答えが出てくるわけじゃない。そもそもボクらは、大学ってものをよく知ってるわけじゃなかったのだ。

そうして大学を知ろうと動き出したとき、ボクらはちょっと変わった名前のついた学部と出会った。

ネットワーク情報学部。

二〇〇一年にスタートした新しい学部だ。ＩＴ革命が叫ばれた二十世紀末の流れを汲んでできたのだろうことは、名前だけでなんとなくわかる。「ネットワーク」と「情報」をくっつけたというのが見え見えで、わかりやすいといえばすごくわかりやすい。けれど、これって文系？理系？第一、専修大学って箱根駅伝とかで名前くらいは聞いたことがあるけれど、普通の総合大学だよね？そこになんでいきなりネットワーク情報学部？

そんなさまざまな興味をきっかけに、今ボクらは同じネットワーク情報学部で学んでいる。けれどこの学部に進学を決めた理由はバラバラだ。みんなは一体何でこの学部に来たのか。聞いてみたら、こんなに違う答えが返ってきた。

私はそもそも高校時代からパソコンが好きで、大学受験は情報系の学部にしようと考えていました。ネットワーク情報学部は他大学の情報学部と違って、2年次から自分の興味がある分野を徹底的に学ぶことが出来るコース制があったり、3年次ではそれまで学んできたことを生かして仲間と協力し研究・制作を行うプロジェクトなる授業があったりというフィールドに惹かれ、この学部を選びました。

高校からデスクトップミュージックをはじめ、表現メディア系に興味があったんで、そっち方面に行こうと思っていました。専門学校だと知識が偏りすぎてしまう、という不安もあって大学にしました。でも数学が苦手なので文系という条件で探して、ここを受けたんです。

Q　どうしてこの学部を選んだのか？

僕は高校時代、文系ながらも数学が得意で数学の教員免許の取れる大学を探していました。でもいわゆる理系の大学に行くと、数学ⅢＣをやってない僕にとっては辛いなあと思って迷ってました。そしたらたまたま担任の先生が、こんな学部があるよって紹介してくれて、それでこの大学を選びました。

私は高校の頃情報処理科に通っていて、大学でもさらに知識を深めたいと考え、それを実現できそうなこの学部に入学しました。自分の理想として、スペシャリストよりどんなこともこなせるジェネラリストになりたいと考えていて、文型と理系の中間という立ち位置を取っているこの学部は、ジェネラリストを目指すためには適しているのではないかとも考えました。

Q　どうしてこの学部を選んだのか？

とにかく“パソコン”に触れてみたかったということが一番です。高校までは授業でほんの少し使った位だったので、もっとパソコンを利用して色々なことを学んでみたかったというのが大きくて。

元々PCを使ったデザインをやりたくて、専門学校と大学で迷っていました。色々考えて、大学で様々な勉強をするのも知識や視野を広げるのにいいだろうと判断して大学受験したんです。

パソコンに興味がある人、デザインをしたい人、数学の教員免許をとりたい人、楽しそうだから選んでみたという人、理由も目指す方向性もばらばらだ。けれどこうやって聞いていくと、ネットワーク情報学部の特徴がどこかしらで評価されて、望まれているんだということもわかってくる。パソコンを使うことが多くて、文系でも理系でもなく、デザインでも情報処理でも各々目指すものを学べて、面白そうな学部だということ。つまりはそういうことだろう。

でも中には、ネットワーク情報学部は滑り止めだった、という仲間も結構いる。それでもみんな、ちゃんとこの学部のことを考えて受験したみたいだ。

高校生の頃、新聞やテレビではインターネットの可能性は無限大！という話題が毎日飛び交ってました。不況不況と世間が嘆いている中、じゃあ、これからはＩＴ系に入れば就職安泰じゃん！と短絡的に考え、情報系に進もうと考えたわけです。いろいろ大学調べた中で、この学部はぶっちゃけ滑り止めの部類。でも、入学してからコースを選べるころが、大学で何を学びたいのかはっきりしてなかった僕には好都合だったし、デザインとプログラム両方学べることも良かった。あとは総合大学だということかな。予備校の先生にも『総合大学のほうが広い視野を持てるし、女の子もいるよ』と言われて、それもそうだな、と。

正直滑り止めでした。でも理由はちゃんとあって、当時将来ゲームプログラマーになりたいという淡い想いがあり、その職業に就くならＰＣが使えなきゃまずいだろうと。でもＰＣを使おうにもまったくの初心者だったので、僕でもやっていけそうなところを探して探して、見つけたのがこの学部だったんです。ＰＣの組み立てもあって面白そう、と思ったし。

Q 滑り止めだった？

実は、僕は学部で選んだわけじゃないです。楽しいことができそうなところっていうのが基準で、センター入試のときにあちこち出願しました。いろんな大学のいろんな学部をね。法学部も受けたし、心理学もあったな。そういう中に、ネットワーク情報学部が含まれてたんです。

どうやら情報系であることから、他大学の情報系学部と比較して決められることが多いらしい。さらに最近はどの大学も強化しているという、入試のバリエーション増加によって、推薦やＡＯ入試とかいった手段も出てきた。だから、それぞれ自分に合った入試を選んで入学してくる仲間もいるのだ。

僕は付属高校の推薦組です。付属高校では、学部選択は成績で大体ランク順に高校が勧めてくれますが、そこはちょっと言われるままは嫌だった。進路判断テストとかでは他の学部を勧められたけど、ネットワーク情報学部は新設学部で周りが遠慮しているみたいだったんで、ここは付属の呪縛から抜け出しちゃえ！って、ここにきちゃいました。気が付いたらネットに居たって感じですが、他の学部に行った自分っていうのは、もはや想像できないです。

Q どんな入試方法をとったの？

高校3年になってからプログラムを自力で少し学んで、もっと知識を深めたくて情報系の大学に行こうと決めました。高校時代部活やっていて、3年生のぎりぎりまで続けたい、という事情があったんです。だから指定校推薦枠があったこの学部にしました。

私がこの学部を受けようと思ったのは、当時ウェブページを作成していて、そういった勉強を本格的にしてみたいと思ったことと、この学部に自己推薦によるAO入試があったからです。正直言って、センター入試とかでは、ちょっと受かる気がしなかったもので。

まず受験勉強を頑張る自信がなかったんです。中学時代からテスト勉強すらろくにしたことがなくて、とにかくまともな受験を避けたかった。そこでAO入試に飛びついてしまいました。元よりプログラミングは好きで級も持っていたし、AO入試の方式もやりやすくて結果が早いという、好条件がそろっていて。ある意味運命の出会いだったかと。

こうして出身も学年も違うボクらは、こんなにもバラバラな理由で同じ大学の同じ学部までやって来た。大学で何するのかは、人それぞれだ。だからこそ大学はそれぞれに対応するような広い分野を固めているのだ。そしてこのネットワーク情報学部で共に学ぶこととなったボクらは、同じような授業を受けながらも、またそれぞれが違う方向へ芽吹こうとしている。

ボクらの学部

さて、学部に入って半年ほど経ち、一年次の後半になると、ボクらは二年次から学ぶコースを選択することになる。この学部に入学する時点で多くの人が魅力だと語るこのコース選択は、これから自分が最も学んでいきたい分野を決める重要なポイントだ。用意されているのは、下図の四コース。

どのコースも二年次の基礎演習・総合演習という科目を中心に、コースごとのメニューが展開される。卒業まで影響する選択であると同時に、この演習は二年次で一番のウェイトを占める科目だ。安易な決断は出来ない。

ボクらは、自分の適性や興味・将来の進路などを念頭において、最も自分に合ったコースを選択しなければなら

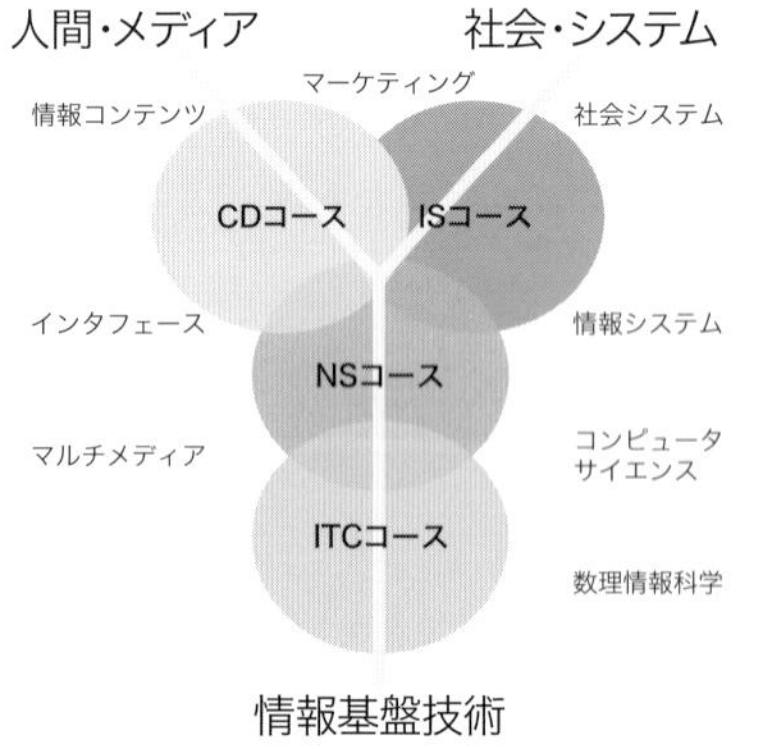

<用意されているコース>

●ネットワークシステム (NS) コース
…プログラミングや情報処理に特化

●コンテンツデザイン (CD) コース
…メディアや人間と関わる情報制作

●情報戦略 (IS) コース
…経営やデータ分析に精通

●情報技術創造 (ITC) コース
…理系に匹敵する情報技術
(2006 年度入学生から新設)

いのだ。中には、友人が行くから、楽そうだから、という安易な選択をする学生もいるようだが、そのツケはあとから回ってくる。この決定がいずれは将来の職業を決定させるかもしれないと思えば、コース選択は受験後二度目となるボクらの重大な決断のしどころだった。

もう一度仲間たちに質問をしてみた。どうやってそれぞれのコースを選んだのだろうか、と。

NS（ネットワークシステム）コース

私は入学前からＮＳに進むつもりで入学してきたので、あまり悩まずＮＳを選びました。理由は、自分のやろうとしていることに適した環境だと思っているからです。入学してから先輩の話を聞いてＣＤも考えたのですが、結局ＮＳに落ち着きました。

３つのコースの中でもっとも多くシステムやプログラムに触れる機会が多いＮＳにしました。

情報技術創造（ITC）コース

プログラミングに興味があるので、ＩＴＣかＮＳかで迷いました。将来のことを考えると、カリキュラムの厳しいＩＴＣのほうがより高い技術を持って社会に出られるかな、と思い、ＩＴＣにしました。

CD(コンテンツデザイン)コース

大学に入ってからネットで、すごい綺麗なサイトや便利なサービスを知って面白そうだと思いました。実は、高校の時の適性テストで適職一位がウェブデザイナーだったというのを頑なに信じてたこともあったり。

NSもCDも興味がありました。一年次のリテラシー演習の先生の専門がデザインで、デザインの面白さなどを聞いたのが決め手になりました。デザインって奥深いな、もっと知りたい！と自然とCDを選んでました。

NSかCDかとても悩んだ。最終的にCDを選んだ理由は、何よりコミュニケーション能力、そしてリーダーシップを磨けると思ったから。

絵を描いたりモノを作成するのが好きだったので、ゲームを作成する職業、特にCGデザイナーになりたいと思っていました。だから、グラフィックデザインやデザイン関連のことが学べるCDにしました。

1年次の必修でそれぞれのコースの基礎について学んだ上で、自分は経営的な分野や、数学的な考え方を使った数理計画に興味があったので、ISコースを選びました。

ISを選択しました。元々経営工学に興味があり、企業の経営分析の知識や、データ処理の方法を学びたいと思っていたからです。

IS(情報戦略)コース

こうして選んだコースで一年間専攻の知識を学ぶと、三年次にそれを実戦で使う場が与えられる。全てのコースが入り混じってグループを組み、一年間かけてひとつのテーマに取り組むプロジェクトという科目だ。それぞれの専門分野を生かした作業分担、連携を円滑にする為のメンバー内のコミュニケーション、さらにはそれをまとめ上げるリーダーシップと、ボクらにはさまざまなことが要求される。ネットワーク情報学部最大の看板科目であるが、同時にボクらにとって最大の難関科目だ。テーマは与えられるものから、自分たちで話し合って決定するものまで多種多彩。当然、どれを選ぶかによって一年間を大きく左右することになる。

みんなはプロジェクトにどんな思いをかけてきたのだろう。

元々興味のあるテーマだったことと、研究テーマに注目し、その価値を生かした新たなビジネスを考えたいと思ったからです。試行錯誤しながらも、最終的にはその野望は達成できたと思います。

3DCGに興味があったので、それをテーマにしたプロジェクトを選びました。何かのシステムを成果物として残すということに携わりたい、というのもありました。

2年でISコース特有の勉強をしてきたので、プロジェクトは自分の考え方の幅を持たせる意味で、CDコースやNSコースの人が選びそうなものにしたいと思って選びました。

2年の総合演習でやった課題で、自分たちでひとつの作品を実際に作るというのが楽しくて、プロダクトデザインに興味を持ちました。あとグラフィックデザインの先生の影響が強くて、デザインの面白さも知りました。展示会や発表会もいろいろ見に行って、自分も「こんなものを作りたい！」と思うようになりました。それでデザインをテーマにしたプロジェクトに参加しました。

ABOUT PROJECT

数人で学生企画のテーマを立ててるから参加しないか、と知人に誘われて、そのまま入りました。その時はまだ具体的な内容まで決まってなかったんですけど、先生が提示したテーマを選ぶよりも自分で作る、という人たちの集まりの方が魅力を感じたもので。たとえ内容があまり自分の知らない方向に転んだとしても、入れてもらうからにはやってやる！と早いうちに決心できて良かったです。

プロジェクトはグループワークだ。ボクらの中に一人でも脱落者が出れば、他のみんなの負担になる。逆に一人で頑張ろうとする人がいても、相応に報われることはない。集団で実行するから出来る大仕事、だからこそ起きる大問題。一年間でそういった辛酸をたっぷり嘗めて、いろいろなことを学んで、最終発表まで結果を持っていければ、万々歳！

そして四年次になれば、基本的にはもう面倒な必修科目が待っていることもない。就職活動に専念する人もいれば、さぁ終わったとばかりに学校へ滅多に来なくなる人もいる…。だけど今までの実習じゃぁ物足りないという人も、当然いる。そんな大学の四年次に、集大成として個人の研究をじっくり行える科目が、卒業制作だ。

卒業制作は取るも取らないも自分次第。履修が自由なこの科目をみんながどう考えていたのかを聞いてみた。

卒業制作を履修しなかったのは、まず就職活動がいつまで続くのかわからないという漠然とした不安があったからです。春に決まるのか？それとも、夏・秋採用まで長引いてしまうのか？など、就職活動前には漠然とした不安がたくさんありました。実際は３月に決まっちゃったんですけど。あとは、教職を履修していたため、６月に一ヶ月間、教育実習に行くことが決まっていたのもありました。

卒業制作とらなかったのは、やりたいことがなかったから。学部に期待してなかったのかもしれません。でも、卒業制作の発表の場がない、というのが気になっていて、そういう場は一期生が旗揚げしないと後に続かないと思ってはいました。

変わったことが出来るならせっかくだしやってみよう、と考えて履修しました。実際やってみるとなかなか面白かった。就職活動中にそこら辺をアピールしてみると、『2・3年ではいろいろやってるのに、4年になると卒業制作をしない人たちは一体何をしてるんだ？』的なことを面接官に聞かれたりもして、取ってて良かったとか思いました。

ABOUT GRADUATION WORKS

卒業制作を取ったのは、とりあえず勿体無かったから。早い時期に決めねばならない履修申し込みの時点ではやりたいものは見えていなかったけど、だからって動きもせずにやりたいことがないなんていってたら、やる気がないだけだなぁと。何事もやってみないと文句も言えないし楽しくもない。動いて無駄になることはない。それならやるしかない。そんな感じでした。あとはちょっと論文とか書いてみたかったのもあります。絶対に大学生の内しかやれないことだよなぁって。

ボクらは同じ大学で同じ学部に学んでいる。けれど目指すものも違えば、考えていることだってバラバラだ。だからこそみんなでやることに厚みがでてくる、面白くもなってくる。そうしたネットワーク情報学部生の中から、自分たちの手でもっと面白いことをやってやろう、そんな動きが出てきたのは、ごく自然なことだったかもしれない。それが、学生主催の展示会、つまりコウサ展だった。

第二章

ボクらの先輩

ALL STAFFS

4年生…6名
2年生…5名

ネットワーク情報学部一期生の有志三名によって生み出された学外展示会、それがコウサ展だった。何もないところからコウサ展を生み出した一期生は、どんな人たちだったのだろうか。

どんなことでも「初めて」はいつも暗中模索・試行錯誤の道のりである場合が多い。それは、専修大学ネットワーク情報学部においても同じだった。

二〇〇一年四月。

新しく誕生したネットワーク情報学部に入学した第一期生二百五十名。

この中に、後にコウサ展を生み出した、先輩の姿もあった。

新しい学部。何が学べるのか、どんな大学生活が待っているのか、期待はあった。しかし同時に不安も大きかった。すべての人がそう感じたわけではないだろうが、少なくともこの三人の眼にはこの生まれたばかりの学部はとても頼りない赤ん坊のように映っていた。

不安は的中したのかもしれない。一年次、二年次と、課題に追われる毎日。脱落していく者もいる。そうやって大学生活が進み二年次の秋、学部の看板授業となるプロジェクトのグループを決める時期になった。二年次で三つのコースに分かれた学生達が、協力して一年間で一つの成果を作り出していく授業だ。学生がテーマを出し、グループを作り、教員とのマッチングを行う。何ヶ月もかけた大混乱を経て、ようやく二十四のプロジェクトと、担当教員が決まったときには、年も暮れかけていた。

そしてスタートしたプロジェクト。五年目の今でこそ形になってきてはいるが、一年目はやはり試行錯誤だった。学生の意志が伝わらない、学部の方針も明確ではない、制作したいものがあってもソフトがない、機材がない。このような状況を先輩達は楽しめなかったようだ。

プロジェクトも終わり、大学の最終学年が近づいたある日、先輩が自分の運営しているブログにそのことを書いた。このときは、まだ一人でなんとなく考えていただけだった。だが、そのブログに一つのコメントがつく。そのときから、急にこの話が現実味を帯びてくるのだ。

当時のことをボクらの先輩はこう語る。

Y…「展示会の始めは、Mのブログに丸乗り。Mは学部でもいち早くブログを書いていたんだよね。」

M…「確か、ブログにはどこかの展示会に見に行って、俺らにも出来ないかなということを書いていたんだよな。そしたらYが食いついてきた、面識なかったのに（笑）」

Y…「そしたら話がでかくなったんだよ（笑）。
学部の中では、それまで小さなグループが固まる傾向があって、そういう派閥を壊したかった。仲良しグループがいつも固まって、広がろうとしない状況がイヤだったんだよね。もっと色んな人と交わりたかった。だから、そういうグループを壊して打ち解けられる場というものを作りたかった。」

ただ、やってみようと言ったところで何の経験もない人間がふたり集まっても、何から始めたらいいのか見当もつかなかった。

Y…「四月頃、まだ就活をやっている人もいたんだけど、とりあえず集まった。

やるにしても先輩もいなくて前例もない。他の大学ではノウハウもあったかもしれないけど、俺らにはそういう友達もいなかった。何したらいいのか全く分からなくて、まずどうしようかどうしようかと悩む期間が二ヶ月くらい続いた。」

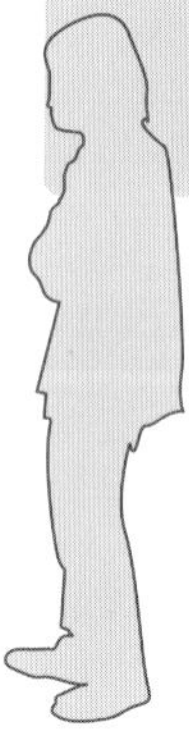

M…「まず、どんな展示会にしよう、何をゴールとしようというところから話し始めた。
最初に目標としてあがったのは多摩美術大学の卒業制作展。ただ、僕たちはあそこまでアートよりの学部でもなかったから、もっとＮＳコースやＩＳコースも活躍できる場をどうしようと考えたんだよね。」

先輩はこの期間多くの展示会に足を運び、自分たちのやりたいことを具体的にしていった。そして、ある程度やりたいイメージは固めたが、実現までにはまだまだ乗り越えなければならない課題が山のようにあった。

Y…「その後、実際やるとしても、場所を押さえたり資材を用意するのにお金がかかる。出展者を集めるにしても本当に集まるのか。当時、みんな研究室で個人の研究をしていたから、みんなで集まろうという意識はあまり持っていなかったんじゃないかな。だから、〝金がない〟〝やり方が分からない〟〝やる人がいるか分からない〟という三つの大きい壁が立ちはだかった。」

それでも、会場をどこにするかは、かなり早い段階から考えたらしい。

M…「神田の新校舎なら、タダだよっていう先生もいたんだけど、それじゃ学外展の意味がない。絶対に大学とは関係ない会場がいいっていう、これだけは譲れなかった。で、自分たちであちこち探して回った。」

M…「最初、十万円くらいの場所を探していたんだけど、どうしても打ちっ放しのコンクリートの壁でやりたかった。それでちょっとおしゃれな場所を探していたら代官山になっちゃったんだよね（笑）」

お金の問題に関して先輩は、自腹も覚悟で挑む決心を持っていたようだ。

M…「学部からはお金は出ない、ときっぱり言われた。その代わり、保護者の団体である育友会から奨励金をもらえるかも、と先生に教えてもらって。でも初めは五万円って言われてて。五万円じゃムリじゃないかと。会場費はいざとなったら三人で三等分して払えばいいか、って覚悟した。」

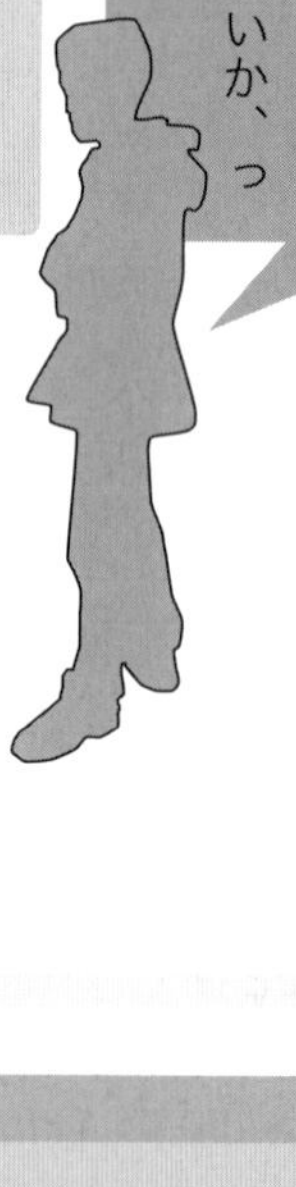

Y…「育友会とは、中々話が進まなくて。先生を通してだと分かりにくかったし。奨励金もらうにはどうすればいいのか結局分からなくて、神田校舎の育友会の事務所に、お金もらえませんかと直談判に行った。でも実は先生も裏でどうすれば育友会にお金を出してもらえるか話し合ってくれていたらしくて、それを知らずに行っちゃったもんだから、後々問題になったらしい。でも結局、あれで育友会の人も覚えてくれたんだよね。」

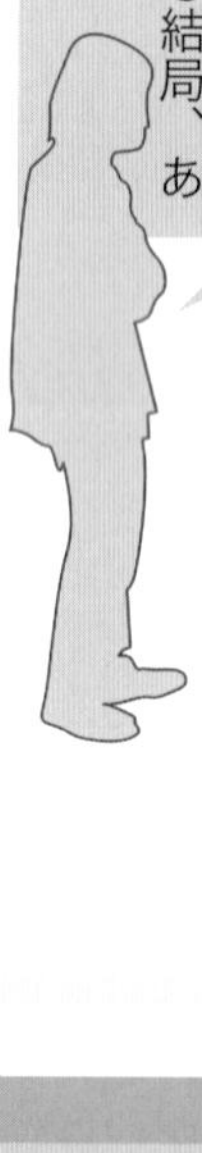

その後、育友会に企画書を提出し、プレゼンも行って、奨励賞を獲得。会場費を補うことができ、自腹でという話は不要になった。コウサ展という名前が決まったのもちょうどこの頃。こうして三つのコースから集まった有志が互いに力を合わせ、そして外部へ発表する場「コウサ展」がスタートした。

ボクらの参加

当時二年次生だったボクらは、ネットワーク情報学部の第三期生となるのだが、三期生は、他の学年と比べアクティブなカラーがあった。そんなボクらだから、ネット上の学部の掲示板で、コウサ展スタッフ募集の呼びかけを見かけたときに、誰に相談することもなく自然とそれぞれが自ら手を挙げた。一期生から二年後に入学したボクらの時代は、学部の体制もなんとか整ってきたという段階で、ボクらは学部に関して先輩ほどの不満は持っていなかった。ただ、ゼロから行う挑戦、外部へ向けて発信できる期待感、そして自分たちの未体験の出来事、そういうことにボクたちは惹かれていた。

ボクらが第一回コウサ展にスタッフとして参加したのは、季節も秋口に差し掛かった頃だった。

この頃には既に、全体の構想、予算、会場など大まかなところは決まっていて、残る仕事は全般的なデザインの制作物や必要な機材を揃えるという実務的なところだけだった。

だからボクらは、当然のように会場が用意されていて、当然のように出展者がいたように感じてしまって、ここにたどり着くまでどれくらいの苦労があったのか、ほとんど考えもしなかった。その一年後、第二回コウサ展を開くことになって、はじめてボクらも同じ苦労を体験することになるのだが。

展示会に向けて活動していくにつれてボクらは一つのことを強く感じ始めていた。それは周りからの応援の気持ちだ。出展者を集めるとき、ポスターを印刷するとき、DMの送り先を考えているとき、人手が足りなくて困っているとき、そっといつも横から優しく声をかけてくれる教務課の職員、教員、友達の姿があった。特に、職員や教員、つまり大学側からの支援はまだまだ子供だったボクらに、諭すように導いてくれる親のようだった。

コウサ展は本来、先輩達が大学への不満半分で始めたごく私的な活動であ

るにもかかわらず、大学側もそれに協力しようとしてくれたのである。協力ついでに大学から注文をつけてくるというような、世間でよくありそうな話も、コウサ展では起きなかった。「あくまで学生主体」、これはボクらが頑なに主張していたことであったが、これを受け入れ、アドバイザーとしての立場を超えることなく、だけど親身で暖かく支援をしてくれた。

これはコウサ展にスタッフとして関わり始めたボクらが初めて覚えた感動かもしれない。声をあげたのは良いがみんながそっぽを向いてしまうかもしれないという不安を常に心の片隅に抱き続けていたボクらにとって、周りからの暖かい姿勢はありがたかった。一生懸命にやる姿があれば必ずそれを見つけてくれる人がいる、見守ってくれる人がいるということを心から実感した瞬間だった。

そして――。

二〇〇五年二月五 - 六日
遂に、第一回コウサ展開催。
会場は、代官山駅近くにある
「代官山ヒルサイドテラス
アネックスA棟」
総出展者数　五十九名
延べ来場者数　約百八十名

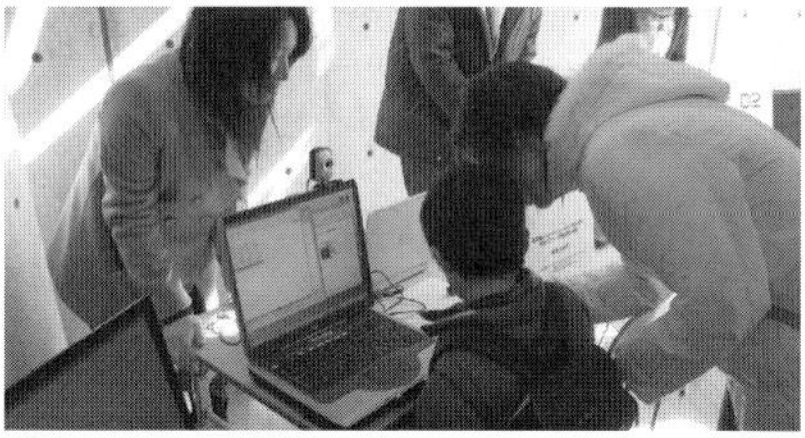

何もないところから始めて、手に入れたこの数字は数字以上に誇らしい気持ちを、ボクらにそしてもちろん先輩にももたらしただろう。

ボクらはたくさんの満足感とそれと同じくらいの来年に向けた新たな気持ちを持って、第一回コウサ展を終えた。

Column 01

ロゴマークのお話

ロゴマーク作成秘話

コウサ展実行委員会

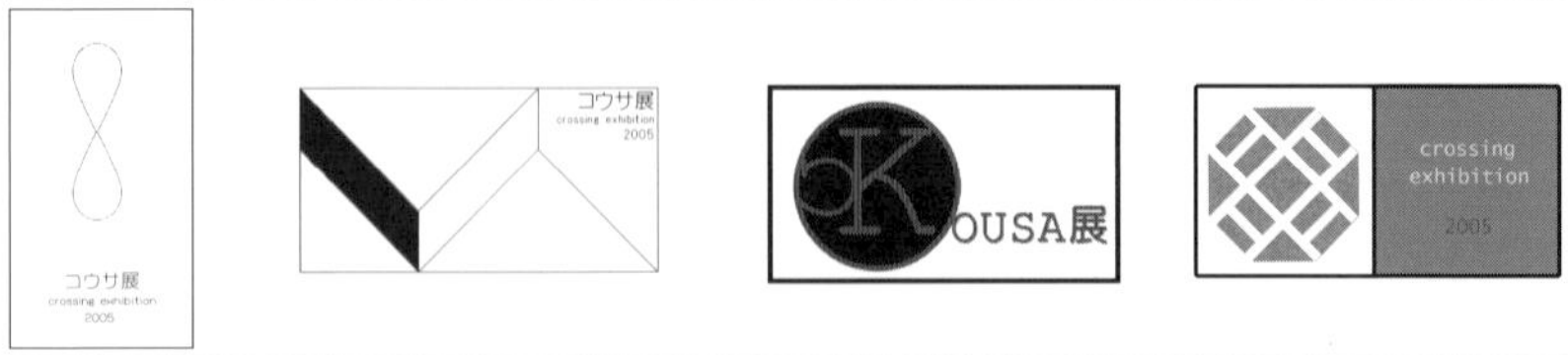

アイディア出し

第一回コウサ展スタッフとしてボクらが加わった後、先輩からの最初の指令は、実はロゴマーク制作だった。展示会の名称は「コウサ展 Crossing Exhibition」と決まっていたものの、ロゴはまだ決っていなかったのだ。

ロゴを作るのはかなり難しい。…ということを、この制作を通じて思い知った。一口に「ロゴ」と言っても、どんな風に制作すればいいのか分からなかったので、とにかくロゴの意味を調べ、あちこちの企業のロゴを見たり、ロゴを制作している会社が作ったロゴを見て回ったりした。

そして、がむしゃらに案を二〇個近く出した一部が上に並べたモノ…。

これらのロゴを持ち寄って、ロゴマークで受賞経験があるというデザインの先生が身近にいたので見て頂いた。

正に緊張の一瞬。

チェック後

先生のチェック後、生き残ったロゴを改めてブラッシュアップした一部が左に並べたモノ。

最初に作ったものは、ゴチャゴチャと絵を書いたようなロゴが大半だったので、線や面を活かしたシンプルなロゴを目指すことにしたのだ。

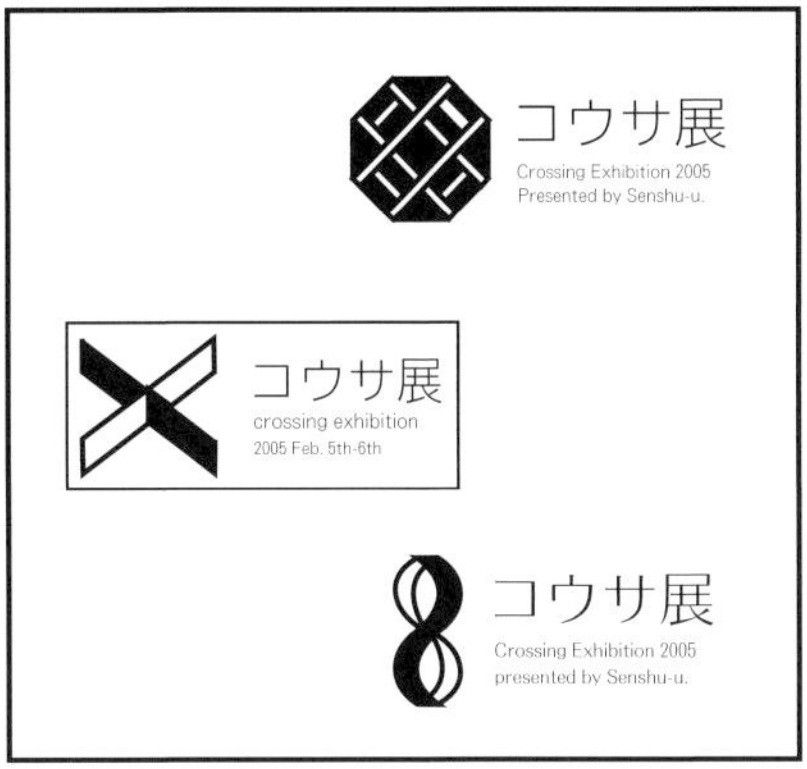

決定！

方向性は固めたものの、シンプルなものこそ、作るのが難しい。カッコいいとダサいが紙一重なのだ。

なかなか納得のいくロゴに辿り着けず、目の前にしたロゴを見つめてアレコレ考えている時に、たまたま一つのロゴを半回転。

「これだっ！」

…と決まったのが、今のロゴである。当初は宇宙をイメージさせるものだったが、回転したことでどことなくハートを連想させるのが特徴。

Column 02
Recollection

2004 上平研究室

概要

「Recollection」とは、色・場所・時間をたよりに閲覧する探索型フォトインデックス空間のこと。

普段携帯の中に眠ったままの写真を新しいインデックス空間に配置することで、思わぬ記憶・感情を引き起こすことを狙っています。

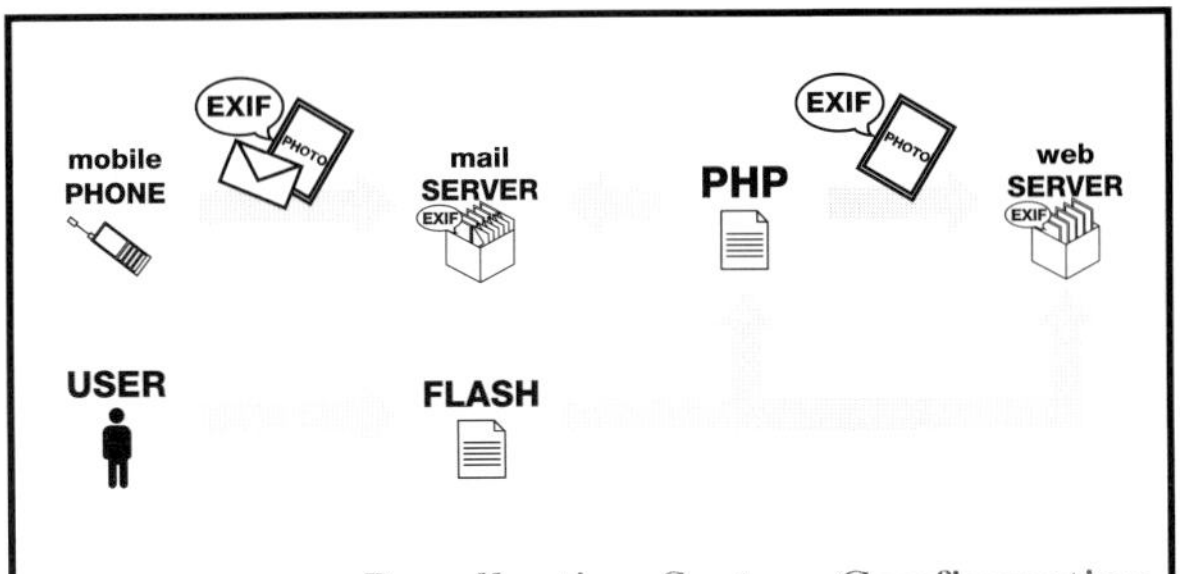

Recollection System Configuration

Q 一番の見所は？

多分、自分が見てもらいたい点は専門的な人にしか分からないだろう、と踏んでいて。むしろ、一般のお客さんに見せて「何これ！すげー！」と言ってもらうことだけを考えてました。

Q どのような反応がありましたか？

正直、当時はあまり反応無かったです。ただ今になっても、これが縁で知り合う人とかいるし、作品が知らぬ内に世に出て行ってたんだなという感覚はあります。

Q アドバイス

自分たちは自分たちの考えでコウサ展を開催・出展したに過ぎないんで、後輩には当時の考え方とか引きずって欲しくないし、好きなようにやって欲しい。ただ言えることは、言うは易し行うは難し。文句はやってみてから言うべし。

Column 03
serial experiments

ヤマモト・カタヤマ

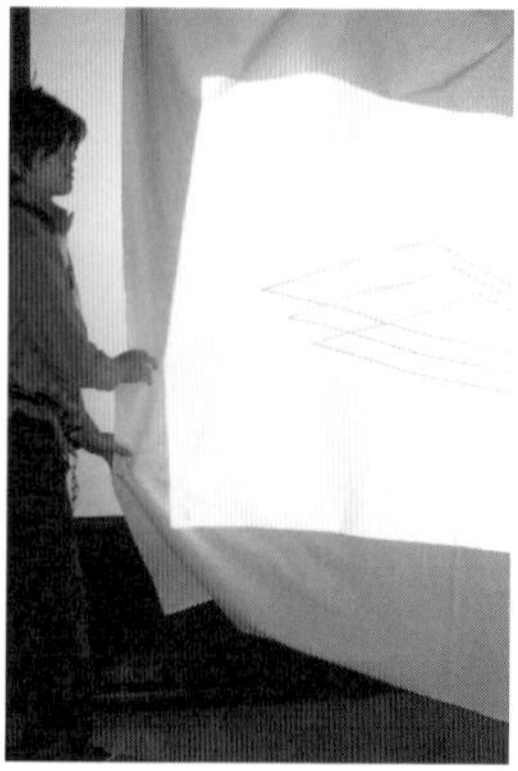

概要
布ヲ、ユラセ

スクリーンを変化させることによる、映像の変移を楽しむ参加型映像作品です。

布スクリーンにプロジェクタで映像を投影させ、スクリーンを揺らすことにより、投影映像が変化します。普段見ているものを違う視点で見てみようとする試みです。

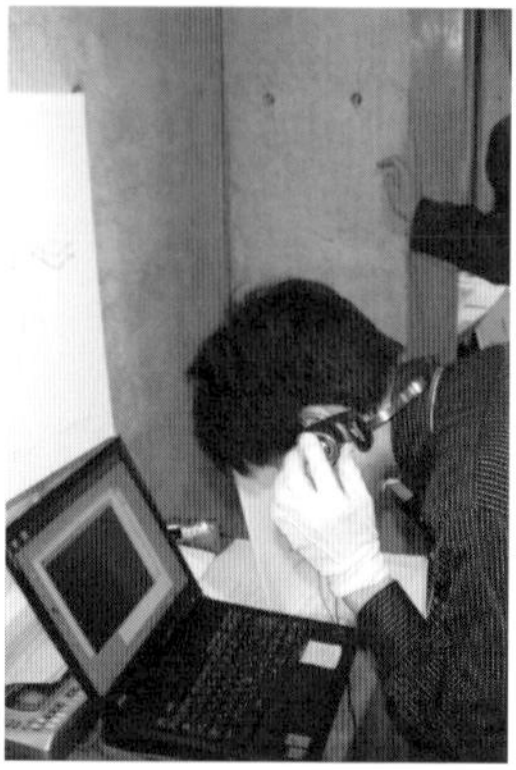

概要
永遠ニ響ク旋律

プログラミングによる自動作曲、演奏。

ジャズでも良く使われている「ドリアン奏法」を基礎に、プログラムがランダムで自動的に音を選び演奏していきます。同じ旋律が響くことはありません。

ランダムで音を発しているはずなのに、音楽に聞こえてしまうことを楽しむ作品です。

Q 一番の見所は？

普段とは違った変な感覚を味わって欲しいと思っていました。「なんかオカシイけど、面白い」と思ってもらえれば大成功です。

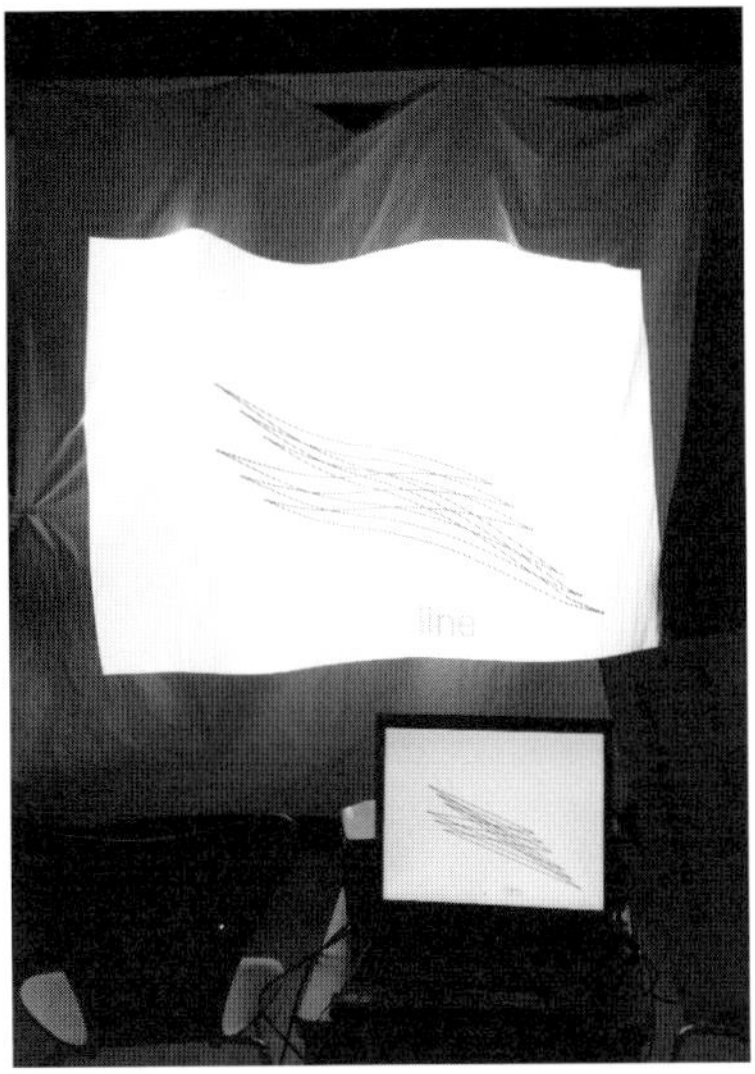

Q どのような反応がありましたか？

実際に、巨大布スクリーンに映像を映し出して布を揺らしてもらったり、ランダムに音を奏でているのに音楽に聞こえてしまう不思議を体感してもらい、皆さんから、「すごい不思議！」という狙い通りの感想を沢山頂けました。

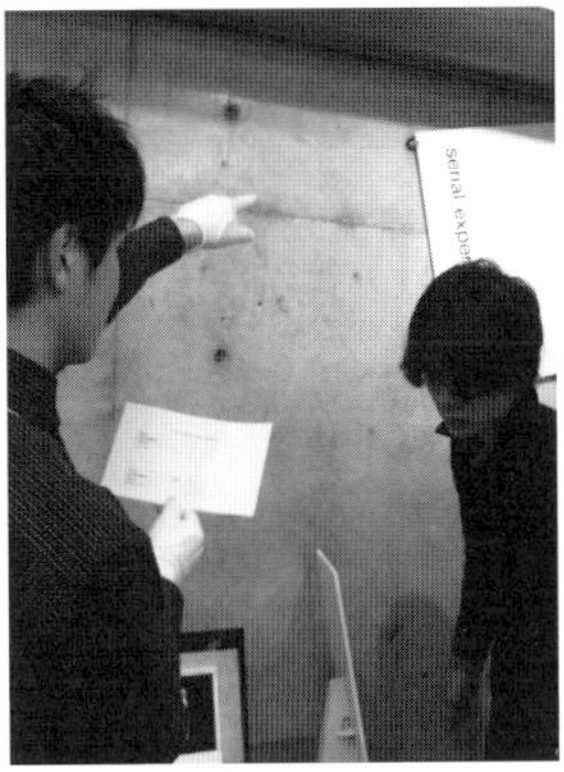

Q アドバイス

人に自分の作品を「見せる」ことは出来ても、人を自分の作品で「魅せる」ことはとても難しいと感じました。

第三章
ボクらの挑戦

第二回コウサ展に向かって

ALL STAFFS

3 年生…8 名
2 年生…2 名
1 年生…1 名

二〇〇六年四月。

第一回コウサ展が終了して二ヶ月が経ち、ボクらも学年が一つ上がり三年次となった。

第一回コウサ展に関わったボクらは、誰が言うともなしに当然のように二回目を行うつもりでいた。ただ、開催の動機は先輩とは大きく違っていたかもしれない。先輩は、「つまらない学部への不満」「とにかく楽しそうなことをしたい」という純粋な思いからだったのに対して、ボクらは先輩によって一度つけられた炎を絶やしたくはないという気持ちがとても強かった。そして、それと同時に一回目のコウサ展でやり残した多くのことを今度こそ実現させたいという気持ちだった。

第一回のコウサ展にボクらは大きな感動を覚えたが、最初から完璧な展示会が出来るはずもなく、まだまだ穴だらけだった。第一回目のコウサ展は「開催したこと」そのこと自体に価値があったが、第二回目のコウサ展は「次回につながる内容がある展示会」を目指したいと思った。そうやって一つ一つステップアップしていけば、いつかは自然に盛り上がりみんながワクワクするような展示会になっていくんじゃないか、そのためにはとにかく続けなければならない、ボクらはそう思い第二回コウサ展の準備を始めた。

始めるに当たって、ボクらは二つの目標を決めた。

一つ目は「学部内のコウサ展の認知度を高めること」

第一回目は、学部内でのコウサ展の認知度が二分された状態だった。つまり、コウサ展に関わった人とその周りの人たちは知っているけど、それ以外の人は全く知らないという状況だった。知らなければ参加するかどうか迷うことすら出来ない。だから、ボクらはコウサ展の存在、コウサ展が目指したいモノを学内でアピールして、一人でも多くの人たちに共感してもらおうと考えた。

共感してくれる人たちを増やすと言うことは仲間を増やすのと同じことだ。直接関わらなくても好意的に受け止めてくれさえすれば、もしかしたらその人の周りの人が関わってくれるかもしれない。コウサ展のように参加するもしないも自由なイベントの場合、地道に仲間を増やしていかなければ、いつまでも本当の意味で成功はしない。このことは、第二回のコウサ展の準備を始める前からボクら自身分かっていたことであり、そしてその後の一年間、イヤと言うほど思い知らされることにもなった。

二つ目は「去年以上の来場者数を目指すこと」

多くの展示会に共通していることだが、大学以外の場所で展示会を開く意義の一つに、「普段は中々聞くことの出来ない、さまざまな層の人たちからも反応が得られる」ことがある。これはコウサ展でも同じだ。多くの人たちに見てもらい、多くのフィードバックが得られれば、きっと出展した人たちも満足できるはず。それはコウサ展をより良いモノにしていくためにも欠かせないポイントであった。だからボクらは目標とする入場者数を決めることにした。前年の入場者数約百八十名に対し、第二回の目標入場者数を三百名と決めた。

この二つの目標のもと、五月の初め、第一回コウサ展に関わっていた学生が六名集まった。これが第二回コウサ展の実質的スタートとなる。

仲間を増やす

まず、ボクらは仲間を増やすためにスタッフ募集から始めることにした。

それは人手が足りないという理由ももちろんあるが、この貴重な経験を共有できる仲間が少しでも多い方が良いと考えたからだ。特に、最初に集まった六名は第一回コウサ展の経験者であり、同学年でもあった。この六名のまま進めていっては、閉鎖的な展示会になってしまうという危機感があった。そして、ボクらがまだ出会ったことない人、そして後輩にもこれを経験して欲しいとボクらは強く思っていた。

一週間後、仲間が増えた。メンバーの一人が仲間を連れてきてくれた。同学年の人だったが、こんな風に少しずつ輪が広がっていくのを実感できることはとてもうれしかった。

その後仲間は八名になり、心強さが一層増した。

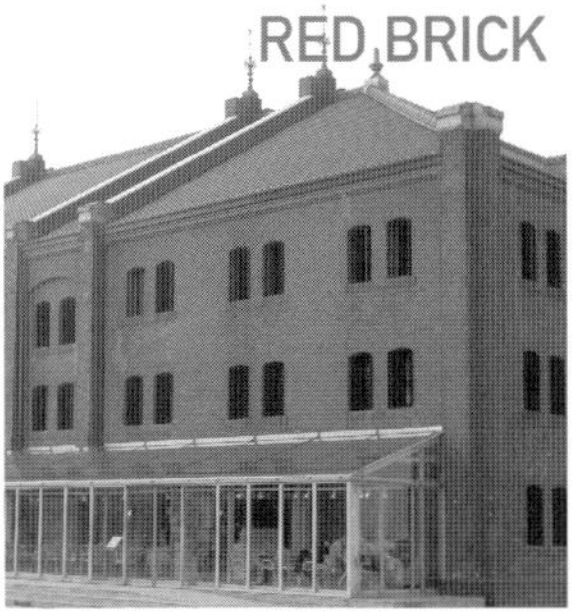

ところが、前途洋々に見えた一年間の準備期間が、いきなり躓く羽目になった。それは、「会場の確保」である。会場は展示会を行う上で重要なポイントの一つであったのに、ボクらは世間にはどんな会場があるのか、借りるときの値段は大体いくらなのか、どういう会場が良いとされるのか、という基本的な知識すらなかった。

そこで、とりあえず比較的大学に近いエリアで有名な展示会場のひとつ、横浜の赤レンガ倉庫に電話をしてみた。すると、一年後の予定は、既にほぼ満杯。その後会場を調べて行くにつれて、厳しい現実が見えてきた。ボクらが予想していたよりも、レンタル料は遥かに高く、有名なところや、値段が比較的手頃なところは、一年以上前から予約が埋まっている。第一回コウサ展を二月に開催したように、第二回も二月付近を開催日として考えていたが、二月・三月というのは世間でも展示会などが目白押しになる時期でもあり、競争率はより一層高かったのだ。

「会場を確保できない。」途方に暮れたボクらに、思いがけない知らせが届いた。それは学部からの協力だ。学部で進めている官学連携でつながりができた日本科学未来館ならば、二月に借りることが出来、さらに、学部側で会場費を出してもよいという提案があったのだ。ボクらには願ってもない話だった。この学部からの話は、第一回目の成功があってのことだった。こんなに早いタイミングで学部からも救いの手を差し伸べてもらい非常にうれしく思った。それと同時に、結局ボクらだけではどうにもならなかったことに、力のなさ・行動力の足りなさを痛感した瞬間でもあった。

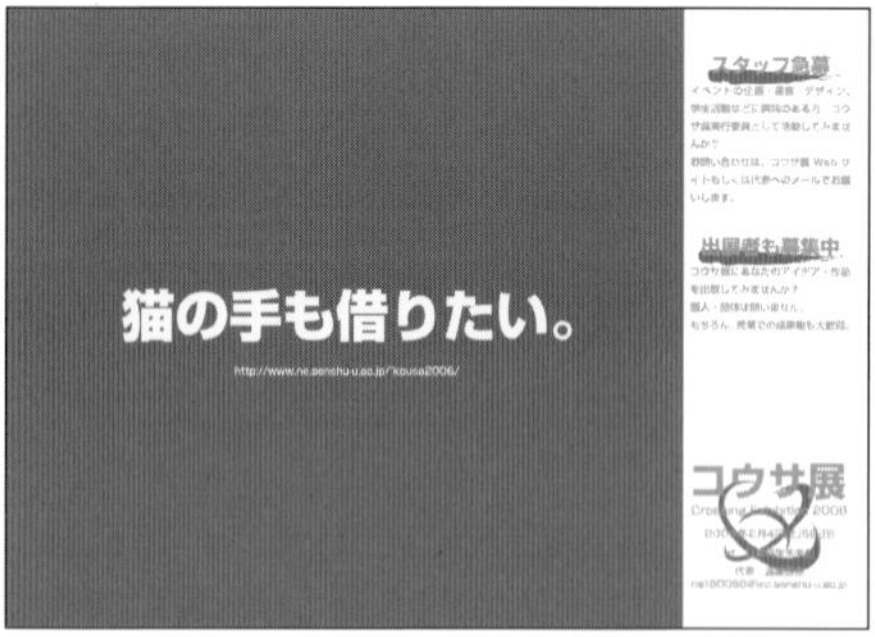

会場は決まった。

次に学部内での知名度を高めるために、ポスターを制作することにした。出展者とボクらと一緒に運営してくれる人、どちらにも呼びかけを行うポスターをつくり、大学内のいろいろなところに掲示させてもらうことが出来た。

七月に入った頃、ボクらに変化が訪れた。ボクらのやる気が次第に失われていったのだ。それは会場が見つかった安心から来た気のゆるみだったかもしれないし、周囲からのあまりにも恵まれすぎた応援のせいだったかもしれない。この頃からボクらの弱点がちらほらと姿を見せてきた。

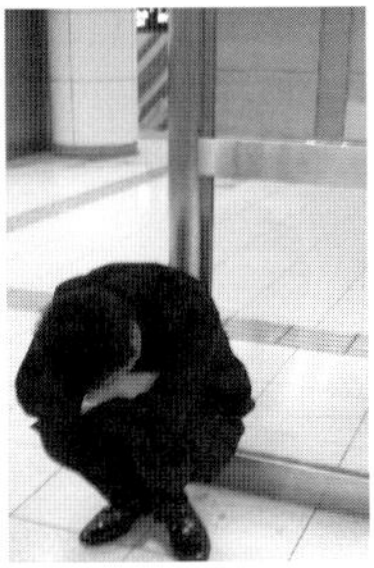

「覚悟」

ボクらの弱点の一つは「覚悟」。これは先輩とボクらとの最大の違いかもしれない。先輩には出展者も見込めるかどうか分からない、会場費が自腹になるかもしれない、そんな状況でも「展示会をやってやる」という強い気持ちがあった。ボクらにはそういう覚悟が欠けていた気がする。去年も開催できたから今年も出来るんじゃないか、という甘い考えがどこかにあった。

「モチベーション」

モチベーションの維持は、どんな場面でも必要であり、求められることだ。特に、コウサ展のように誰からも強制されていないモノをやるときには最も重要だ。ただ、ボクらはそのモチベーションの維持に失敗した。特に七月頃からそれぞれの授業などが忙しさを増してきたことで、だんだんコウサ展に割く時間が減ってきてしまったのだ。本当はそういうときにこそ皆で意識を高め合ってモチベーションの維持に努めなければならなかったのに。

夏休みを挟み、九月。

いよいよ、コウサ展に向けて全ての活動を本腰入れてしなければ間に合わない時期になってきた。九月までに出来たことは、「会場の確保」「ポスターなどの告知アイテムの作成」「仲間が増えた」くらいだ。

ただ仲間については、五月以降も順調に増え続け、三年生が八名、二年生が二名、一年生が一名の計十一名に膨れ上がっていた。そう、念願の後輩も少ないながら仲間に加わってくれたことが、ボクらには何よりも嬉しかった。

ボクらは仲間たちと、連日のようにいろいろな授業にお邪魔してコウサ展をアピールし続けた。すぐに成果が出るようなことはなかったが、それでもコウサ展の認知度は日々高まってきていることは実感できた。

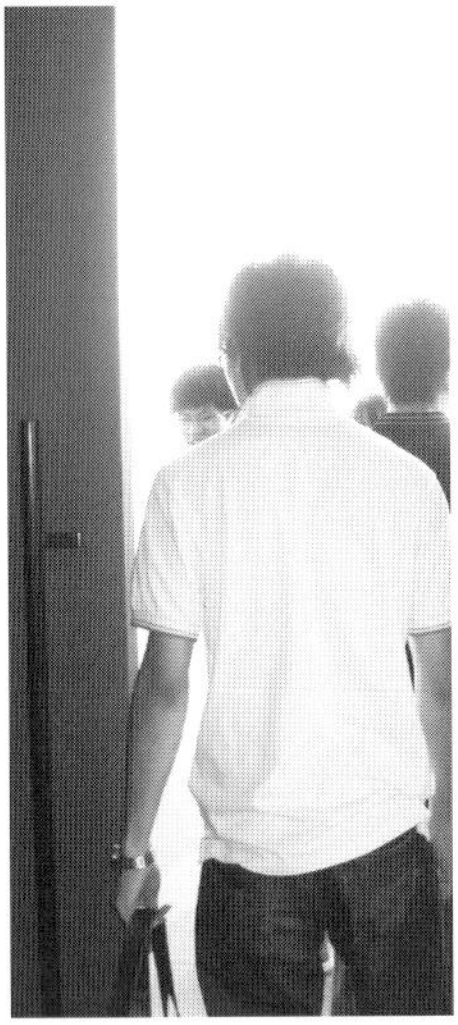

ところがその頃、仲間内で亀裂が生じていた。外部向けのDMを送るターゲットを、大学や専門学校にするか、それとも企業にするか、という一見些細な問題で意見がわれたのだ。しかしこれは、まだ未熟なコウサ展をどこまで広く宣伝していくか、という問題でもあり、更には優れた出展作品をどれだけ集められるか、という本質的な問題にもつながっていた。結局、ボクらはこれをきっかけに仲間を何人か失ってしまった。その中には唯一の一年生の後輩も含まれていた。とても残念なことだったけれど、経験も知識も人を引っ張る力もまだまだ足りなかったボクらには、どうしようもないことだった。

さらに、出展者集めも難航していた。さまざまな授業に出向いて宣伝するということを積極的にやったのだが、反応はあまり良くなかった。「面倒くさい」「やりたい人がやれば」というような、自分は関係ない、という空気。わざわざ出展料を払ってまでやる気はない、とはっきり言われたこともあった。集まった出展者も、先生に勧めたれたから、ボクらに頼まれたから、という消極的な理由から出展を決めたグループもあって、自ら出展したいというグループばかりではなかった。でも、そういう反応は、ボクらが予想していたことだった。

まだ過去に一度しか開催されていない展示会。その展示会に出展して何を得られるのか、明確な成果が出せたとは言い難い。それなのに準備の手間はかかるし、費用もかかるとなると、大抵の人は敬遠して当然だと思う。聞くところによると、美術大学の卒業制作発表会の場合、一人八万円とか十数万円といった出展料がかかり、積み立てをして費用を作ることもあるらしいのだが、ボクらの学部でそんな話をしても通用しない。でもボクらは、第一回目を経験していたからこそ、コウサ展に出展すればきっと今まで感じることの出来なかったことを感じられるはずだと信じていた。だから、とにかく出展してみて欲しいという気持ちでみんなに声をかけていた。

そして二〇〇五年も終わりに近づいた十二月。

遂に会場が埋まるだけの出展者が集まった。その数十九グループ、延べ人数七十人強。

参加者が決まり、ボクらは今まで以上に加速して準備を行った。参加者決定が大幅にずれ込んだため、開催まであと一ヶ月と迫っていたからだ。やらなければならないことはたくさんあった。

まず、展示に使うPCやプロジェクタなどの機材調達。次に、展示用のパネル作成。そして、展示物を運搬するための移動手段の確保などがあった。

パソコンなどの機材は、学部からそれぞれの研究室などのグループごとにノートパソコンが割り当てられているので、それを借りることにした。プロジェクタや電源確保に使用する延長コードなども学部から借りることが出来た。本来学部の機材を、学生主催の展示会に持ち出すことはNGと言われて当然だと思っていたが、ここでもネットワーク情報学部の教職員のサポートで借りることが出来た。

パネルは、展示をわかりやすく解説するためには欠かせないものだ。中々設定した期日までに出展者からのデータが集まらず、印刷にかかれない日が何日も続いた。結局コウサ展前日までパネル印刷をすることになった。

移動手段は、専修大学生田校舎がある川崎市生田から日本科学未来館のある東京のお台場までという距離、そして運ぶ物・量を考えると車しかなかった。当初車一台で運搬する予定だったが、直前になってどんなに上手く詰め込んでも一台に収まらないことが判明。予算の都合上、これ以上車を借りることも出来ずに困っていたとき、ボクらを救ってくれたのはやはりボクらの仲間だった。彼は、直前の頼みにもかかわらず、物資の搬入・搬出のどちらにも自分の車を貸し出してくれたのだ。そして彼自身も運転手を買って出てくれた。

こうして、最初から最後まで、予想もしていなかった出会いや支援、そして仲間からの助けを受けて、ついにコウサ展の開催までこぎ着けた。

二〇〇六年二月四日・五日
会場は「日本科学未来館
イノベーションホール」
第二回コウサ展、開催。
総出展者数　八十六名
延べ来場者数　四百八名

目標を大きく上回るその来場者数は、改めてコウサ展を開催して良かったとボクらに思わせてくれた。そして何より嬉しかったのは、多くの出展者が「出展して良かった」「色んな意見が聞けて良かった」と言ってくれたことだ。その言葉は、何かを信じて行動を起こし、やりきれば、いつかは理解してもらえる日が来るんだ、ということをボクらに教えてくれた。

Column 04
DMのお話
DM作成秘話

コウサ展実行委員会

第一回コウサ展DM

アナタは、街中や自宅で受け取るDM(ダイレクトメール)にどんな印象を持っているだろうか?綺麗なDMやカッコいいデザインのDMならば、きっと目を惹かれていることと思う。

ロゴマークが無事に決まった後、学内や学外に向けてコウサ展の開催を知らせるためのDM制作を始めた。

DMを学内外に配布するということは、その印象がいいか悪いかでコウサ展のイメージも左右されてしまうところがあると言っても過言ではないだろう。かなり責任重大である。

ロゴマークの時と同様に、DMも作成したことがなかったため、あれこれ参考にしながら何パターンものDMを作成したが、どれもこれもパッとしなかった。そんな時、ある有名デザイナーの展示会を見に行ったことが一つの突破口となった。

目立つが勝ちだ!

そうして出来上がったのが左側のDMだ。全面にストライプを入れ、ロゴを大きく入れた。配色にかなり悩んだが、二月開催という事で、季節を先取り、優しい緑と青を基本色にした配色に決定した。

第二回コウサ展 DM

第一回コウサ展 DM

第二回コウサ展ＤＭ

第一回目のＤＭには、目立つことを第一優先にしたため「コンセプト」が存在しなかった。

そこで第二回目にはコンセプトを決めることにした。スタッフ全員が一致していたのは、「つながっていく」というイメージ。そのイメージをどのように表現するのかで二ヶ月以上も悩んだ。第一回目からお世話になっていたグラフィックデザインの先生にかなり相談に乗って頂きながら作成したのが左側のＤＭだ。

モチーフに使ったのはブロック。ブロックを積み重ねていくように、これからもネットワーク情報学部生のモチベーションが続くようにという想いを込めて。配色もブロックのイメージに合わせて強いシアンとイエローにした。

まだまだ二回目なので、目立つことも忘れてはいけない要素だった。そこで、先生からの助言で思い切ってＤＭ自体を大きくしたのが最大の特徴だ。

ロゴやＤＭ制作を通じて、見る相手のことを考えて制作する。それが一番大切なことだと教えられた。

Column 05
リアルタイム動画処理とAIBO

2005 石原研究室

概要

ウェブカメラを用いたリアルタイム動画処理に関する研究成果とソニーが開発した犬型ロボットAIBOに関するプログラミング成果を発表しました。研究室単位で出展しましたが、内容は個別で、動画処理に関するテーマが三つ、AIBOに関するテーマが二つでした。

具体的には次の五つがテーマです。

① リアルタイム動画処理に関する研究
② オプティカルフロー検出によるジェスチャ解析
③ リアルタイム動画処理によるデジタルテルミンの構築
④ AIBOの動作制御と動画転送に関する開発
⑤ OPEN-Rプログラミングと画像処理技術の応用

Q 一番の見所は？

見所としては次の四つを考えていました。

「ウェブカメラに対して人間が手を振るとAIBOが手を振り返してくれる。」「AIBOの目線で見ている景色をパソコン上で見ることができる。」「AIBOの歩行操作ができる。」「擬似的な電子楽器テルミンを用いて赤ペン一本で簡単な演奏ができる。」です。

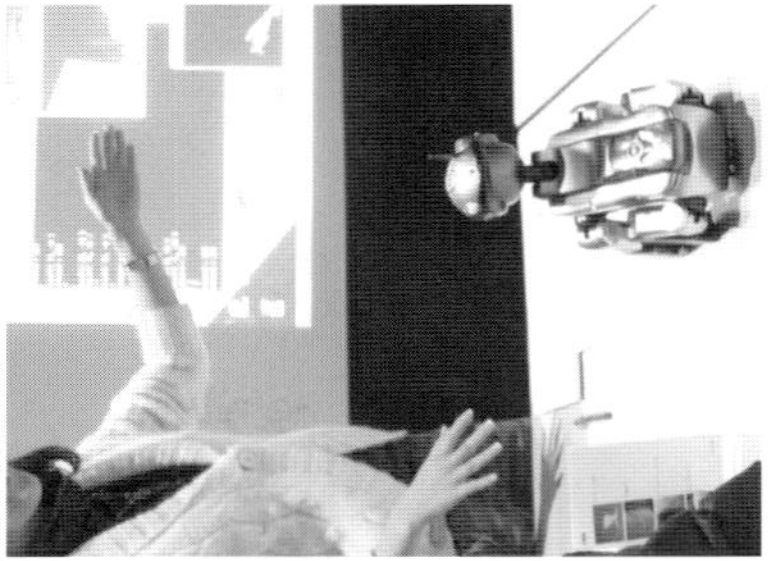

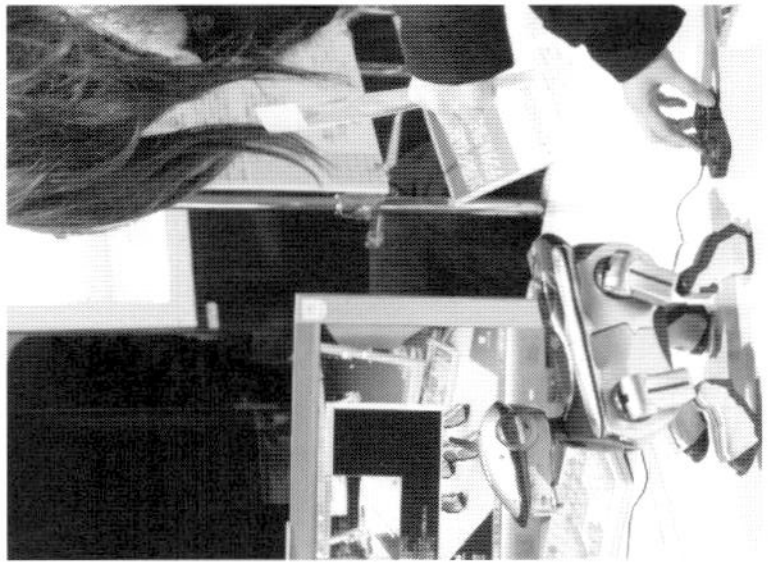

Q どのような反応がありましたか？

AIBOを自由に動かしたり、楽器が演奏できたりと、インタラクティブな展示が多かったので一般の方に実際に操作していただきました。楽しい、面白い、すごい、といった感想が多かったです。

Q アドバイス

一年間の成果を学外で出展できることは目標ができて良いことですので積極的に参加してみてはいかがでしょうか。またコウサ展は芸術系のみに限定した展示会ではないので、研究成果でも何でも多様な出展がもっとあって良いと思います。

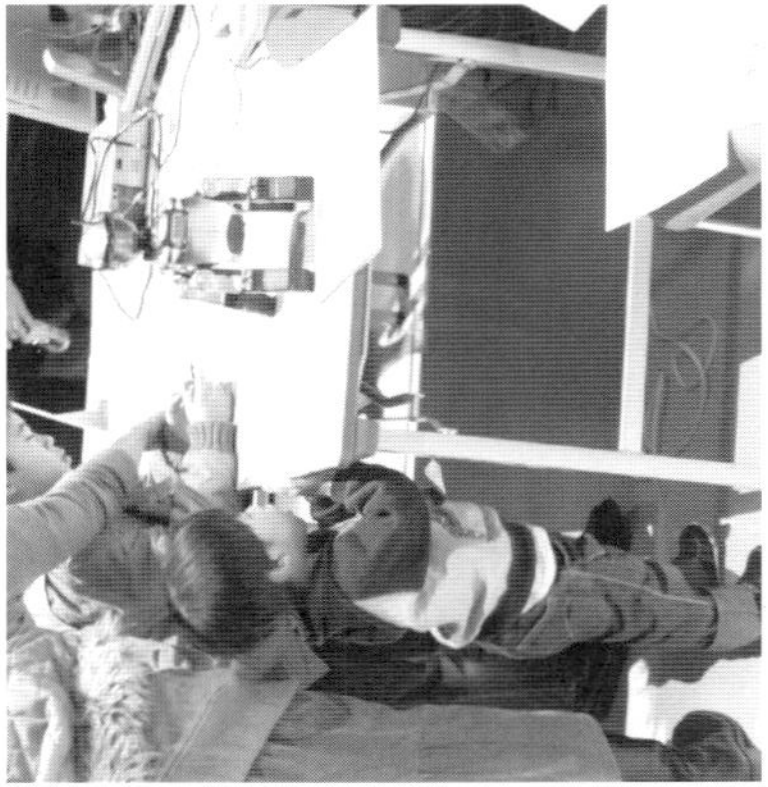

Column 06

Photonication Place

～写真の価値と出会う場所～

2005 山下プロジェクト

概要

急速にデジタル化する写真に、フィルム写真のよさをミックスした五つの企画を立て、その一部を実装しました。さらにそれらの企画のすべてが詰まった、Photonication Placeという空間を構想し、新しい「写真の価値」と出会える場を提案しました。Photonication Placeでは、知人同士が対面でコミュニケーションしながら思い出を共有したり、無関係な写真同士の意外なつながりを発見したり、視点を変えることで写真の意外な見方を発見することができます。

Q 一番の見所は？

人それぞれに合った写真の価値に出会って欲しいというプロジェクトだったので、一つの大きな目的であるPhotonication Placeの提案と写真についての五つの企画案の中で、一つでも「面白い！」と感じて頂ければ…という感じでした。

Q アドバイス

「発表者であること」を忘れずに、来場者の立場に立って取り組むよう心がけることが大切だと思います。また、発表の場＝チャンスです。一般の方だけでなく、企業の方もいらっしゃるので、いかに短時間で簡潔に、かつ正確に作品内容を伝えられるかで企業の方の見る目も違ってきます。展示会に参加する意味、発表者としての心得を忘れずに取り組むと、より一層貴重な経験ができると思います。

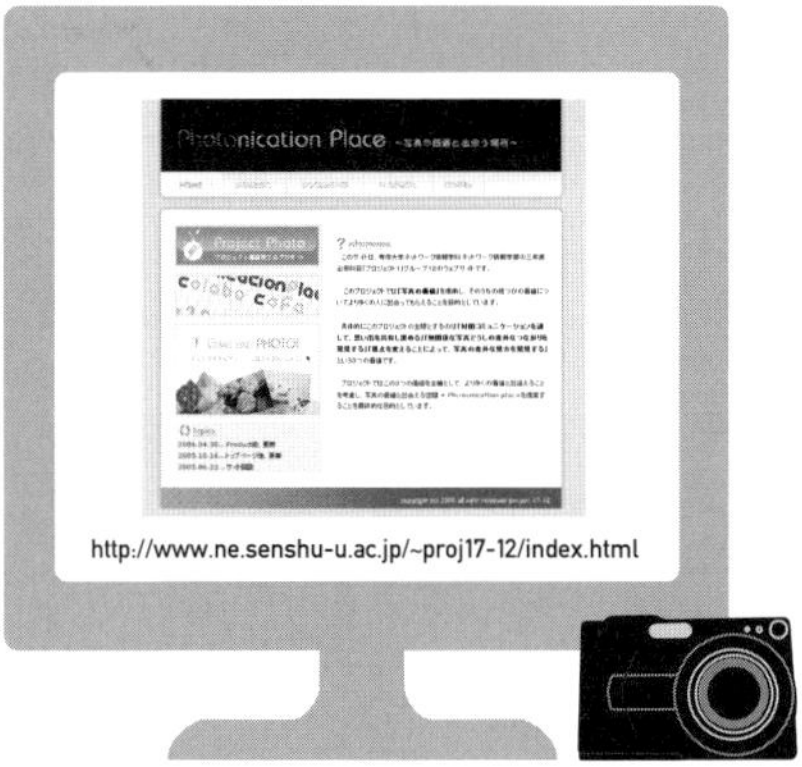
Photonication Place
http://www.ne.senshu-u.ac.jp/~proj17-12/index.html

Column 07

はにわにわとり

～会話するコンピュータ～

2005 香山プロジェクト

概要

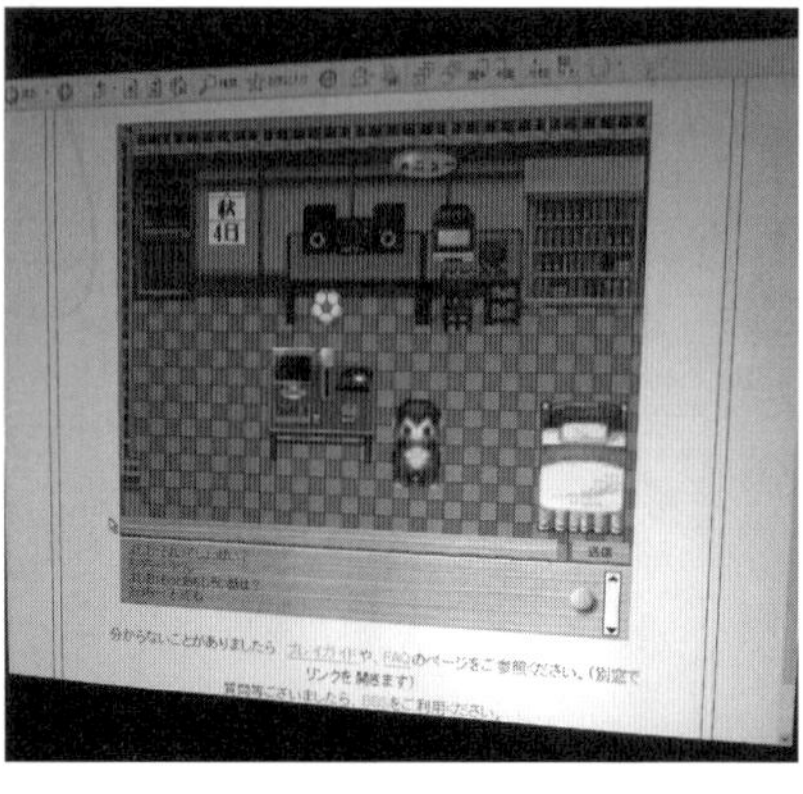

発言するまでの人間の思考、そして人間同士の会話に影響を与える要素について探究し、会話するコンピュータとそれを楽しめる環境を作成し、はにわにわとりと命名しました。はにわにわとりでは、ネット上で「生活」する人工知能エージェント〝ムノウ〟の世界を体験し、会話できます。

彼らは独自の世界で自立行動をし、ウェブからの情報や、ユーザとの会話によって成長し、個性をみせます。

Q 一番の見所は？

自分たちが作り上げた成果物に実際に触っていただいて、コンピュータとの会話を楽しんでもらうことです。また、ムノウたちの突拍子もない、しかし知的を得た面白い発言にご注目ください。

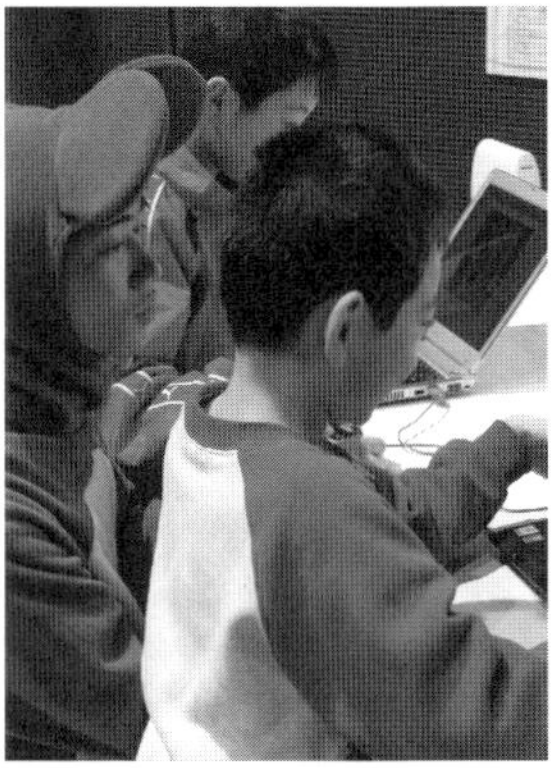

Q どのような反応がありましたか？

老若男女、コンピュータの経験を問わず意外な面白さについムノウと話し込んで、返答ににやりと笑っていました。システムの詳細について鋭い質問やダメ出しをしてくださる方もいれば、単純にコンピュータとの会話を楽しんでいた方もいました。

Q アドバイス

学外の方の目に触れるということは甘えやごまかしが一切効かないということ。多角的な視野を磨いて下さい。自分が自分の目線から作り、見ているシステムが、他人からどう見られるのか、成績や人間関係の関わらないコウサ展という新しい場では客観的に体感できます。

http://www.ne.senshu-u.ac.jp/%7Eproj17-19/

第四章

ボクらの仲間

ボクらの仲間たち

飛行船
ロボットコンテスト
2004 年飯田プロジェクト
授業支援ブログ
2004 年
山下プロジェクト
blog
3E
Music Search
2005 年
小林プロジェクト
千代田
Card Project
2005 年栗芝プロジェクト

コウサ展の開催は、いわば入れ物作りだ。そこに入れる中身は、展示された数々の研究成果や作品である。それらがあって、コウサ展は完成する。

本章では、出展者としてコウサ展に関わったボクらの仲間たちの中から四つの事例を取り上げて、その活動のプロセスと彼らの研究への想いを紹介する。プロジェクトや卒業制作は一年間の活動だが、ここで取り上げる四事例は、何らかの形で二年以上継続したり受け継がれていて、さらには成果が学内外で高い評価を受けたり実際に使われているものである。

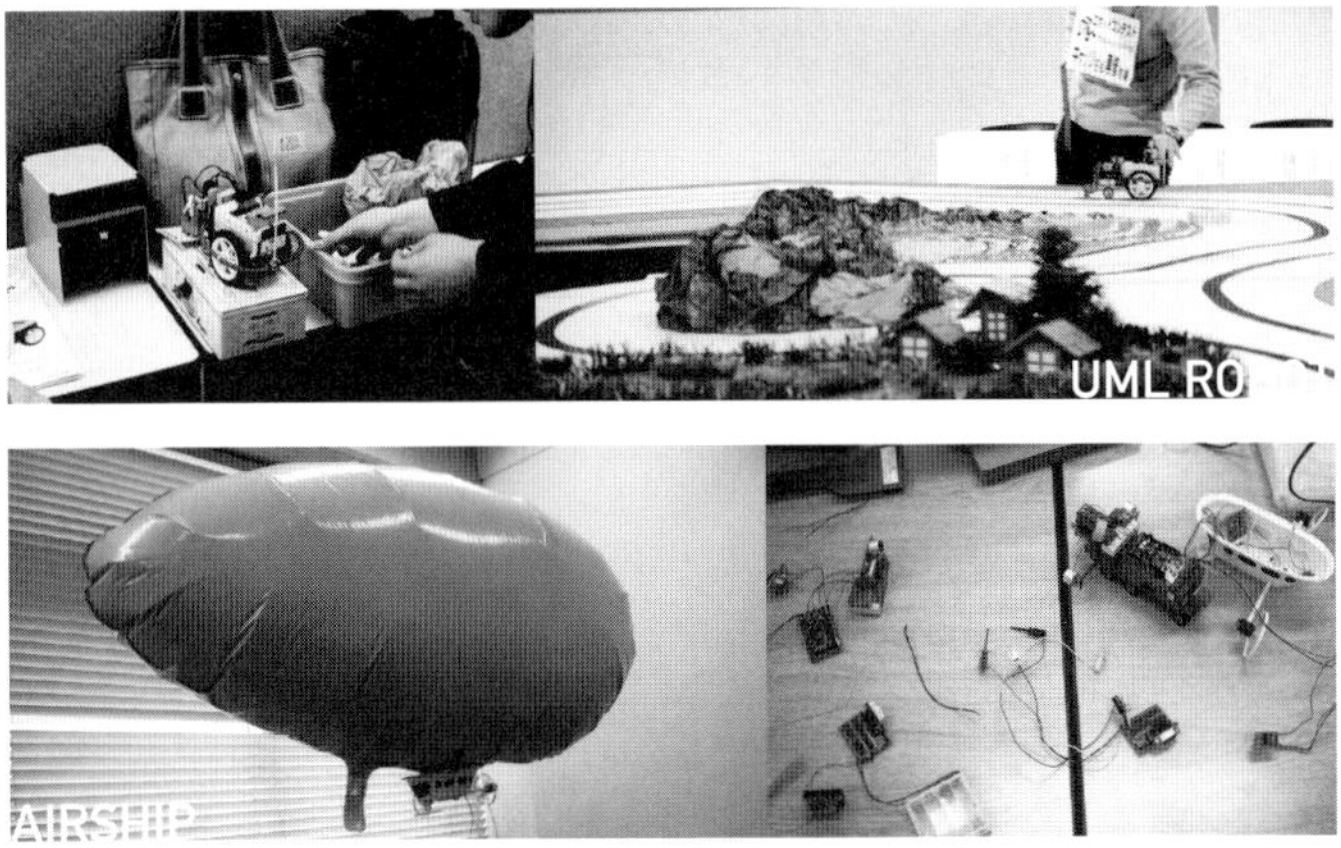

01

飛行船ロボットコンテスト

初代から続くこと、三代

幼い頃、誰もが触れた事のあるレゴで制作した車や、今ではあまり見かけなくなった飛行船など、そんな何となく少年心をくすぐられるようなロボットを使ったコンテストに挑戦し続けているプロジェクトがある。

今年で三年目となるこのプロジェクト。その初代にあたる二期生のグループに焦点を当てる。ロボットという見た目は分かりやすく、動かすのは容易でないモノを追い続けた苦労と感動、その対価として得たものとは？

えっ！？春休みから活動？

通常大学の授業というのは、四月に始まり翌年三月までをひとつのサイクルとしている。プロジェクトの募集は前の年に行われるがそのときは顔合わせ程度で、四月から本格的に活動を開始するのが普通だ。ところが彼らロボットコンテスト（以下ロボコン）のプロジェクトは、四月にはもう大会に出場する事になっていた。四月に大会があるのに、四月にプロジェクトをスタートさせたのでは間に合わない。だから彼らは、まだ先輩たちがプロジェクトの最終発表を終えて間もない二月初めから、早速作業を開始する事になった。

準備期間は約二ヶ月。出会ったばかりの十三人は、春休みを返上して殆ど毎日のようにゼミ室に集まった。十三人という大所帯のため、彼らはチームを二つに分けてロボコンに参加する事にした。

「学生メンバーに加えて、キャッツ株式会社からふたりの社員の方にそれぞれ加わっていただき、『キャッツ石松〜専修牧場〜』と『猫☆新専組』という、どちらも専修大学とキャッツ株式会社をアピールできるような、ユニークなチーム名を考えました。」

初めてのロボット制作。勿論順調に研究が進むはずもなく、走ったと思ったら音がするほど激しくセンサーが振り切れたり、点線走行に苦戦したりと、一歩進んでは二歩下がる、の繰り返し。

それでも、レビュー↓キャッツ株式会社との中間報告会↓レビュー、とブラッシュアップを繰り返していき、二〇〇四年四月十三日、UMLロボットコンテストに漕ぎ着くことが出来た。

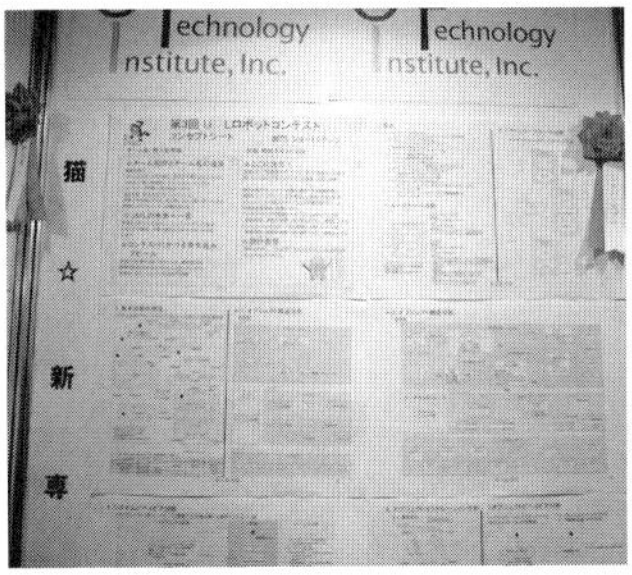

結果、猫☆新専組が、モデリング部門で見事にシルバーモデル賞を受賞。優勝には届かなかったものの、優秀な成績を収める事ができた。

「大会を終えて実感したのが、やはり参加企業のレベルの高さです。モデルでは、コースのマッピングなど独創的なアイディアを駆使しており、また競技部門では圧倒的な速さを見せ付けられました。それに比べると私たちの成果物はまだまだ改良の余地があったと感じ、悔しいと思いつつ、良い勉強になったという充実感もありました。」

初めての産学連携、初めての大きな共同作業、初めてのロボコン。この大会での経験が、彼らのその後を大きく変えていくこととなる。

十三人の夢を乗せた飛行船

ＵＭＬロボコン終了後、彼らはスキルアップのために改めて二チームに分かれた。四月のＵＭＬロボコンと、スキルアップの成果をプロジェクト中間発表会で披露し、迎えた夏休み。彼らの次なる挑戦が始まった。

ＭＤＤロボットチャレンジ。飛行船ロボットコンテストへの挑戦だった。

「飛行船ロボコンについては、ＵＭＬロボコンの際に会場で、そういった話があると初めて聞きました。その後実際に出場するかどうかという話になって、皆乗り気で参加が決定しました。」

具体的に取り組み始めたのは八月の終わり。大会本番は十月半ば。この一ヶ月強で要求定義から実機を飛ばすまで、つまりハード・ソフトの両面のシステム開発全てを行うという恐るべき強行軍となってしまった。

「開発においては役割を分担し、無駄のない作業が求められました。」

ＵＭＬロボコンに引き続いてキャッツ株式会社、そして新たに富士通株式会社、富士通デバイス株式会社が加わり、新体制での開発プロジェクトが発足した。飛行船やそれを制御する基地局のソフトウェアは彼ら専大の学生が、三社の企業は必要なツール提供とその技術講習、ハードウェア制作を担当し、連日不休で開発が行われた。

役割の分担は完璧だったが、それゆえに問題も出てきた。

「開発の時期によって作業負荷が大きくなる事がありました。分析フェーズではAさんは忙しいがBさんは余裕がある、逆に設計フェーズではBさんが忙しい代わりにAさんが手持ち無沙汰、など。」

「また開発中に発生する情報が膨大なのに対し、連絡・指示系統があまりはっきりしていなかったため、情報の周知が難しかったというのもあります。こうした苦労をする機会があったというのは、非常に貴重なことだったと、今では思っています。」

当初から間に合うかどうかもまったく分からなかった飛行船開発。やはり余裕を持って、とはいかず、本当に競技ギリギリまで作業が続けられた。

「実は、本番まで飛行試験は一切していませんでした。ぶっつけ本番で競技開始となってしまったんです。」

スタートの合図がかかるまで、飛行試験も出来ないほどの瀬戸際の開発。

正直、本当に飛んでくれるのか、彼ら十三人全員が不安を抱えていた。

どうか、どうか飛んでくれますように――。

2004.10.14

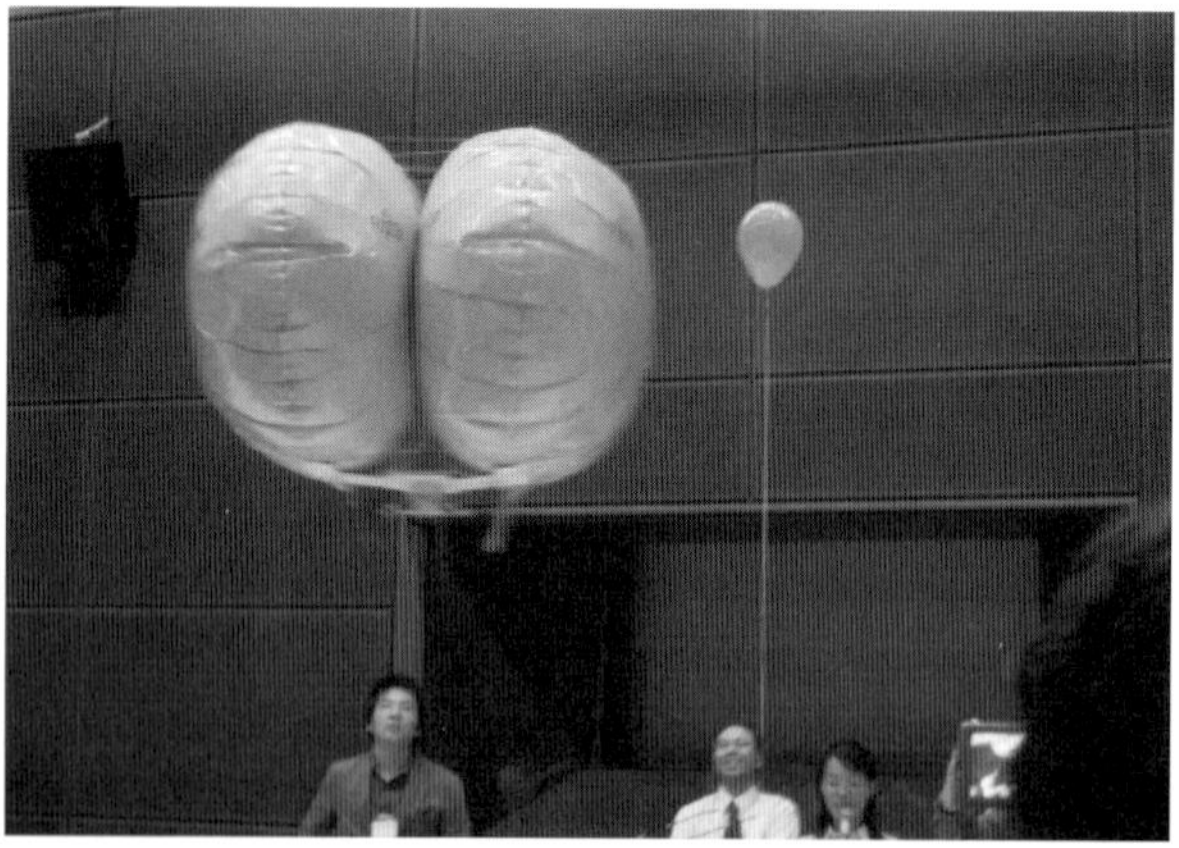

誰もが祈った緊張の一瞬。

二〇〇四年十月十三日、十三人の夢を乗せた飛行船が、空中へと離陸した。

確かに、飛んでいる！

その事実を目の当たりにした瞬間、彼らのチームから大歓声が上がった。

「やはり最初に飛行船が動いたときが一番感動しましたね。」

「自分たちが開発したものが動いている姿を目の当たりにして、なんとも言えない感動を持ちました。」

短期間の開発でのさまざまな苦労が確かに実を結んだ瞬間だった。彼らのチームはシステム分析・設計部門で最優秀賞を獲得、実際の飛行競技は惜しくも入賞に結びつかなかったものの、数分間の夢のような飛行を達成した。

産学連携は、仲間でありプレッシャー

ＭＤＤロボットチャレンジに参加していたチームを大きく分けると、三種類に分かれる。学生だけのチーム、企業だけのチーム、そしてこのプロジェクトのような産学連携チームだ。

前述のＵＭＬロボコンではキャッツ株式会社と、ＭＤＤロボチャレでは富士通株式会社、富士通デバイス株式会社、キャッツ株式会社と、実に三社との共同プロジェクトとなった。

「プロの方と連携出来た事で、大学では知り得なかった高度な技術を学べた事や、先端ＩＴ産業の現場を見ることができ、とてもラッキーでした。」

飛行船ロボットは、社名と校名のイニシャルをとって『ＦＣ専士』と名付けられた。心強い味方がいると思うのと同時に、責任感も生まれた。

「プロの視点からの意見は、甘さや妥協がなくて厳しかったです。そのひとつひとつが参考になりました。」

いくらしっかりやろうと誓ったところで、そこはやはり学生。甘えが出てしまったという。成果物の品質や納期についての考え方など、企業からすれ

ば当然の事でも、学生にはそれが当たり前に感じられない、という学生と社会人の間のギャップもあった。

その反面、企業の方の仕事に対する厳しい姿勢やモチベーションを体感できた事、また各企業の強みとしている分野の知識に触れられた事などは非常に参考になったと彼らは語った。

プロジェクトを通して

ＭＤＤロボットチャレンジ（飛行船ロボコン）が終わると、今度はデモ会、最終報告会と立て続けに今までの成果を発表する機会が続いた。二月に行われた第一回コウサ展もその中のひとつである。

ＰＣやスクリーン、オブジェクト等を利用した展示は多々あったが、颯爽と飛行する彼らの飛行船は、会場の中でも特に注目を浴びた。一般の人々から得られる意見や励ましが貴重だったのは勿論、展示側・同じ学部の学生としてもメリットのある展示会だと彼らは語る。

「他の学生の研究・開発の成果を見られるのは、とてもいい機会だと思いました。同じ学部の中でも、他の学生がどのようなことをしているのか、意外とわからないものです。」

こうした発表活動を終えて、二月末、彼らの挑戦は幕を閉じた。未達成だった目標は、後輩に託される事になる。

一年間の殆どをロボコンに費やしてきたメンバー。卒業して実際に社会人となった今、この一年間の経験は彼らの中でどのように昇華されてきたのだろうか。メンバーのひとりに話を聞くことが出来た。

「決められた納期があり、それに向かって複数人で開発を行うというのは、とても貴重な経験でした。こうした経験は、例えば就職活動でも高く評価されますし、実際の仕事の現場でも役立ちます。企業に入ると、複数のメンバーで共同して成果を出すことを求められる機会が多いからです。また私は組込みソフトウェア開発のＳＥになりましたので、当時学んだ技術は、現在の仕事で大いに役立っています。」

また、彼らは仲間の大切さについても触れた。

「プロジェクトや卒業制作などで、同級生や先生、また企業の方など、多くの素晴らしい人と一緒に開発や研究をする事ができました。周りにそのような人がいると、自分も触発されて頑張ろうと思えます。この事は、研究内容などに関わらず、本当に大事だと思います」

彼らの一番の財産は、賞でも苦労した経験でもなく、お互いに成長していける仲間達だったのかもしれない。

番外　夢を託された後輩たち

さまざまな苦難を仲間たちと共に乗り越えてきたロボコンプロジェクト。実は、その物語はまだ続いている。彼らの後輩、つまりボクらの代から、さらに後輩へと、脈々とロボコン魂は受け継がれている。

ボクらの代のメンバーに話を聞くことが出来た。

「このプロジェクトは前年に優秀な成績を修めてしまっていたので、我々も勝たなければならないという大きなプレッシャーはありました。前年までの基盤技術の蓄えがあったので、それを活かし、さらに上を目指そうと思いました。」

この言葉からは、先輩たちから受け継いだバトンが決して軽いものではなかったことを物語っている。一年前のプロジェクトより圧倒的に少ないメンバー。難しいトラブルで実際に動ける人員は極僅か。それに加えて、先輩たちからの大きな置き土産もあった。

「なにしろ前年に勝ってしまっているため、他のチームも前年の専大チームのモデルを参考にしてきています。だから我々も、先輩のモデルを引き継ぐだけでは他のチームに埋もれてしまい、絶対に勝てません。最後の方はあちこちにお願いして、アイディアのヒントを分けてもらったりもしました。」

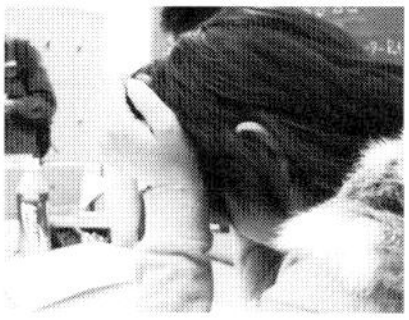

2005

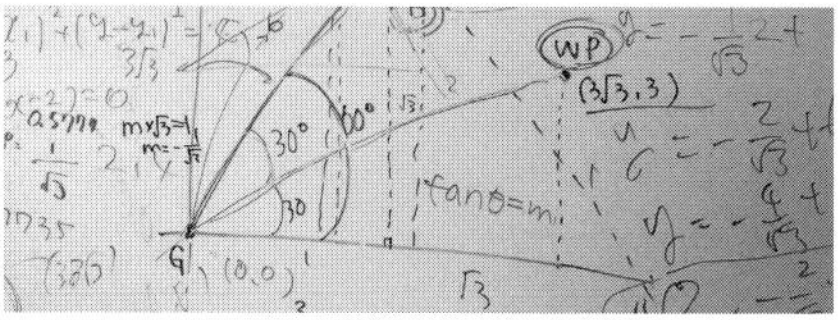
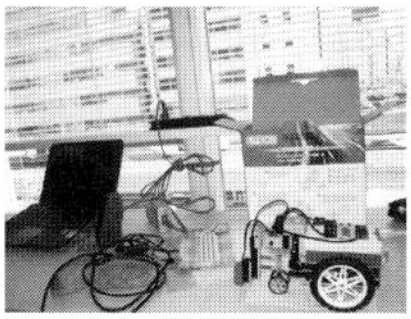

そんな状況でも、諦めずに全員がしっかりとロボコンの技術を学んだことが、後々の基盤となった。先人に追いつくだけでは結果を残すことはできない。勝負の世界は停滞を許さない。より新しいものへ。より効率的なものへ。より美しいものへ。

そんな高度な要求とプレッシャーに打ち勝った彼らは、見事栄冠を手にした。

第二回ＭＤＤロボットチャレンジ
最優秀モデル賞　受賞

二年連続のモデル部門での優勝だった。

先輩たち、ボクらの仲間たちの活躍を受けて、今度はボクらの後輩たちがロボコンに挑戦して健闘している。受け継がれるもの、乗り越えていくもの、年を経るごとにさまざまな物語が展開していくけれど、彼らはきっと、同じ夢を追い続けているに違いない。

02

授業支援ブログ

ブログは日記だけじゃない

ブログと言えば、昨今では、インターネットに関心がある人ならば知らない人はいないほどに普及した、ウェブコンテンツのスタイルだ。ボクら学生のとりとめもないこと、子育て中のお母さんの奮闘記、お父さんの趣味の場など、個人での利用はもちろん、企業のサイトや、各界の有名人もブログを開設している。

そんな有名なブログだが、実際の利用法としては日記などを書く事が多いのではないだろうか。しかし多くの可能性を秘めているブログに新しい利用法を提示したのが、彼らS3.Lab（エスキュービックラボ）だ。

S3.Labは S3ブログを提供する二期生のプロジェクトである。S3のSは、Senshu、System、Shareという三つを表す。専修大学の授業を支援し、みんなで共有するブログシステム、という意味で名付けられた。

彼らが当初目指したのは、当時はまだ目新しかったブログの機能を活かして何か新しい活用法を提案し、実装すること。学生の間ではそこそこ認知されていたものの、実際に利用する人はまだ少なかったブログを、授業支援と結び付けるまでには、実はかなりの紆余曲折があった。

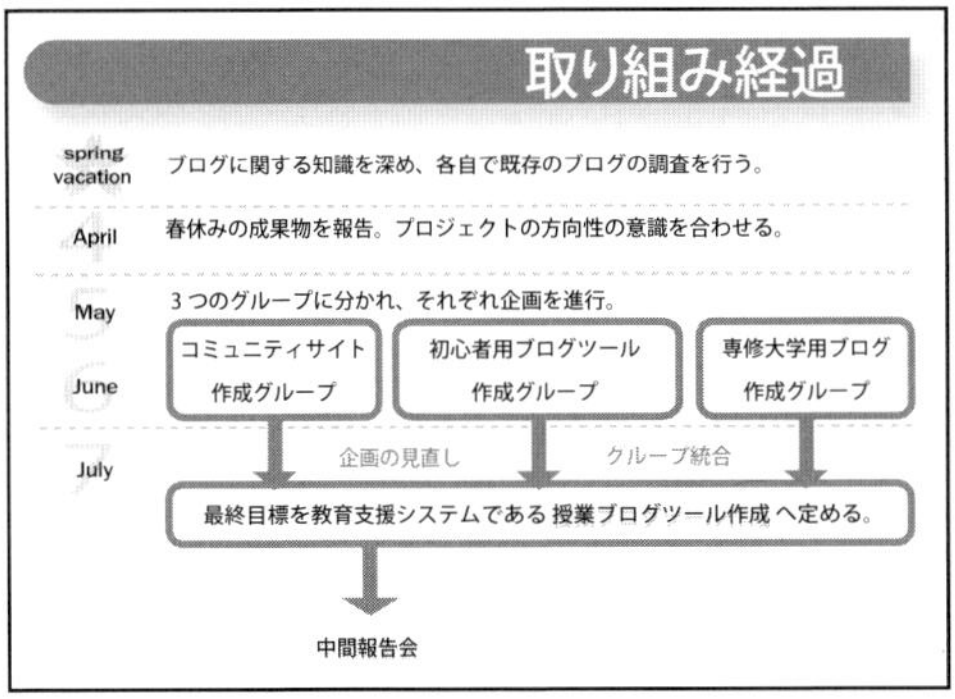
取り組み経過
spring vacation
ブログに関する知識を深め、各自で既存のブログの調査を行う。
April
春休みの成果物を報告。プロジェクトの方向性の意識を合わせる。
May
3つのグループに分かれ、それぞれ企画を進行。
コミュニティサイト作成グループ
初心者用ブログツール作成グループ
専修大学用ブログ作成グループ
June
企画の見直し
グループ統合
July
最終目標を教育支援システムである 授業ブログツール作成 へ定める。
中間報告会

三案から一案へ

「はじめは三つもの企画があって、それぞれが案を練っていたので、正直なところ、まとまるようには思えなかったですね。」と語るのは、S3.Labの元メンバーだ。

三つの企画とは、ブログを使ったコミュニティサイト、初心者用の組み立てブログツール、専修大学用ブログで、それぞれのグループに分かれて企画と調査を行っていた。

「楽しくないと長続きしない」がコンセプトのコミュニティサイト作成チームは、「街ブログ」というコミュニティ毎に街が形成される企画を。初心者用ブログツール作成チームは、シンプルな機能の初心者用ブログツールからスタートし、徐々に積み木のように機能を追加していくという案を出した。

三つの企画それぞれに練り上げられていたため、あと一ヶ月で中間発表会という時期になっても、企画を絞り込むことができず、こう着状態。そんなとき、企画を聞いてもらったティーチングアシスタントの院生から、全部は駄目、ひとつに絞ること、というプレッシャーをかけられ、さらに「大学でブログを作るのなら、授業支援がいいのでは」とアドバイスを受け、大学用ブログ企画を軸とし、他のふたつの企画の良いところを少しずつ加える、という方向で、授業支援ブログに目標を統一することができた。さらに、自分たちで一からツールを作るよりも、既存のブログツールを使って、機能を組み合わせたり、新しい機能を追加するという実装方針も固まった。

中間発表後、アンテナ班、ＲＳＳ生成班、エントリー自動生成班の三グループに再編成して実装に向けた学習と作業を進める一方、ブログユーザへの大規模な調査と分析を行ったり、国立情報科学研究所の武田研究室を訪問したり、当時注目を浴びつつあった株式会社はてなの近藤社長に直接アドバイスを頂くなど、精力的に活動を行った。

「その分野の専門家に直接相談することで、参考になるアドバイスをたくさん頂けました。ふたつのブログに同じ記事を同時に投稿するインタフェースを作るという発想は、授業支援ブログの構想段階で武田研究室の大向さんからヒントを頂きました。また、講義受講者でco-writingすることにより、ひとつの完璧なノートを作るという共同ノートの機能は、近藤社長のアドバイスから生まれました。

他にも、授業終了五分前に携帯から投稿できたら出席の代わりになるのでは、とか、インタフェースを考える際「使っている場面を想定して」考えた方が良い、などのアドバイスも得られた。」

こうして誕生したS3ブログは、

・個人ブログ　教員・学生が個人で所有
・グループブログ　グループ作業のためにグループでひとつ共有
・授業ブログ　授業に割り当てられたブログ、教員と受講生が共有

の三種類のブログで構成されている。個々での使用はもちろん、三つのタイプのブログを連携することで、学生と教員のコミュニケーションが驚くほど円滑になる、という仕組みなのだ。

十二月の最終発表会前には試験的運用も行っていただけあり、その完成度には彼らも満足していたようだ。

「難しいことを考えなくても他のブログと連携してコミュニケーションが取れる、課題を投稿していくだけで自ずと自分の記録が残せる、そんなコミュニティツールです。学生として・初心者として大いに活用出来る、納得できる仕上がりになりました。」

ノリノリのコウサ展

その完成度への満足がモチベーションにも繋がったのだろうか。彼らは実に積極的にコウサ展へ出展した。

「一度はこういう経験をするのもいいんじゃないか、とメンバーもノリノリでしたね。」

学会発表ほど堅苦しくなく、ある程度自由に発表出来る展示会。しかも会場は学外。彼らは丁度、初めてコウサ展が開かれた時の出展者だった。

「僕らとしては、第一回目、というのも大きかったですね。」

今までやらなかったことをやる、その目新しさにワクワクしたのかもしれない。彼らのような、自主的に外で成果を発表したいという学生が、コウサ展を開催する意義でもあった。

「このときの会場が代官山、はてなはすぐ近く、ということもあり、実はコウサ展前の会場下見のあとで、はてなを訪問したんです。仕事中に突然お邪魔したにもかかわらず、快く会ってくださって、コウサ展のＤＭまで渡してきちゃいました。」

「コウサ展二日目には、なんとそのはてなのメンバーがそろって、会場を訪ねてくれました。飼い犬のシナモンも連れて！大感激でした。」

さらに会場を訪れたさまざまな人たちからも評価を得たという。

「学校関係者の方から、実際に授業で使用してみたいという言葉も頂けました。」

学内だけではなく、彼らにとってコウサ展は学外での良いアピールになったようだ。

授業での継続運用

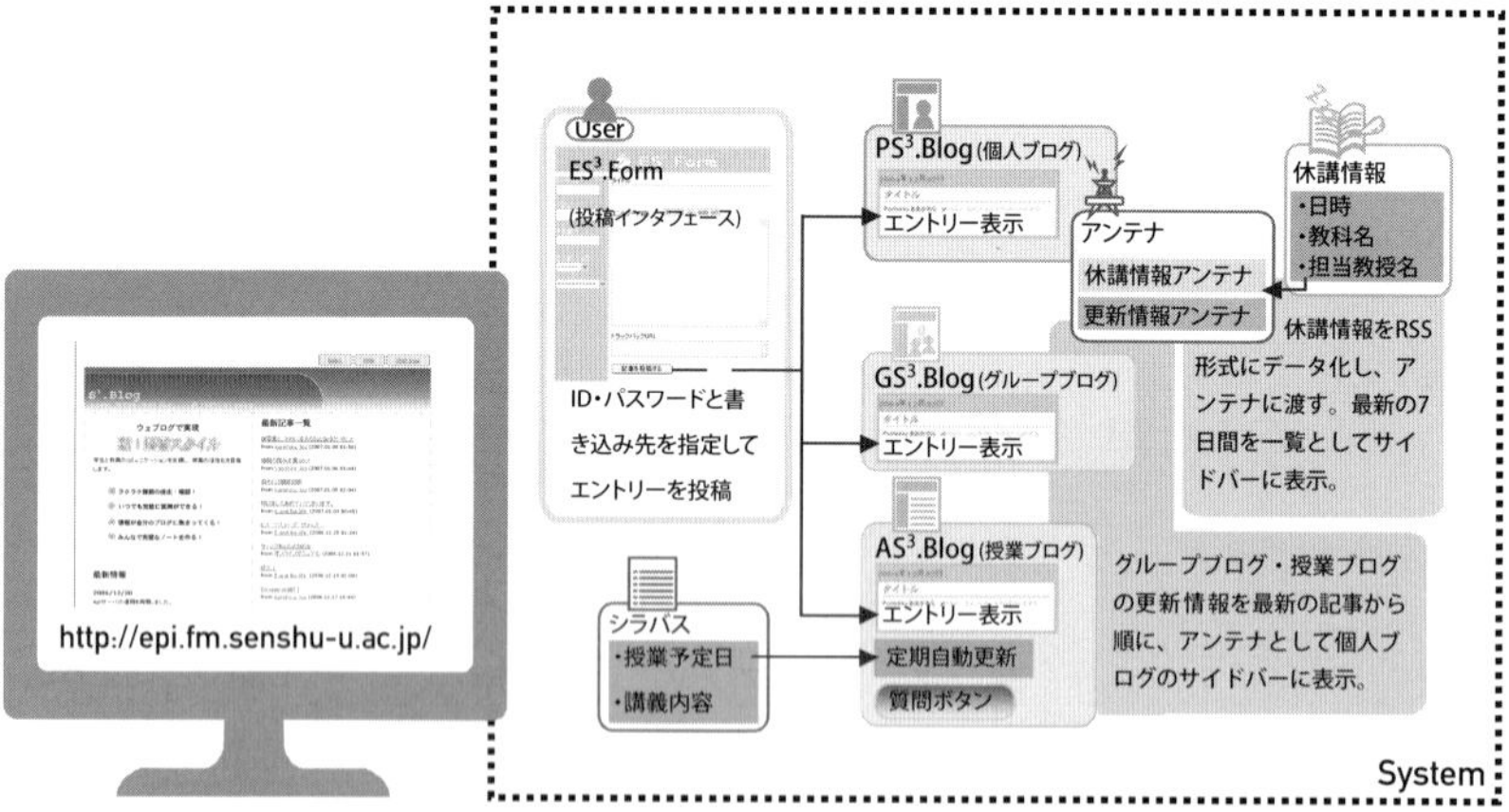

試験運用だったＳ３ブログは、二〇〇五年度の授業内で本格的に運用することになった。それも当初は担当教員の講義科目だけでも、という話だったのが、学部の他の教員の理解が得られて、ＣＤ総合演習のグループワークにも活用することになったのだ。もとより、教育現場における学生と教員のコミュニケーションを円滑にするサービスとして実際に運用できるものを作ることが目的だったが、プロジェクトの成果が本当に使ってもらえるというのはすごいことだ。

試験運用の実績があったおかげで、事前準備では特に問題は起きなかったという。

「ただ、学生ひとりひとりに自分のブログを設置してもらったのですが、予想以上にトラブル続出で本当に大変でした。」と、運用スタッフとしてサポートにあたったメンバーは苦笑しつつ語る。

二〇〇五年度の実績と反省をふまえて、二〇〇六年度には学部専用サーバを設置してS3ブログの運用は続いている。

二年間で四百名近いユーザが利用したこのサービスは、教員と二名の学生スタッフだけで支えてきた。でもその苦労も勉強になったと学生スタッフは言う。特に、システム（サーバ）の運営やユーザサポートは、経験値を大きく上げるものだったようだ。それだけに、S3ブログへの思いは強い。

「できれば、今後も実際の授業で使って欲しいですね。」

引継ぎなどの問題は出てくるものの、更なるS3ブログの発展を願った。そして自身の経験を踏まえ、最後にこんな言葉を残してくれた。

「今しかできない、やりたい事をやった方がいい。コストの事や実際に使えるのかどうか、失敗した場合の事など、あまり余計なことを考えずに、何か心の中で暖めているものがあったら、やってみるのがいいと思います。」

ただ漫然と過ごすのではなく、自分から動き出す力。年齢に関係なくその姿勢が大事なのだと、ボクらは身に染みて感じた。

03

3E Music Search

身近な不足からビジネスへ到る企画

街中には音楽があふれている。喫茶店やCDショップを筆頭とした、多くの商店・商店街でBGMとして流れている音楽。そんな中でふと、流れている曲が気になったことはないだろうか。

それは「あれ？これなんて曲だっけ…」と記憶に引っかかる瞬間かもしれないし、もしかしたら「あ、この曲いいな」という新発見かもしれない。どちらにしても、BGMとして流れているだけの曲から瞬時にタイトルを割り出すなんてことは、現状では難しい話だ。

だがその状況を、いいチャンスだと見たボクらの仲間がいた。彼らはその問題を解決するための手段として、街中で流れている音楽の情報を携帯電話で簡単に検索できるという、画期的なサービスを考案した。さらにはその音楽検索手法を実施するための技術開発に乗り出し、実装した。そして、そのサービスを用いたビジネスモデルにまで考えを進めていった。

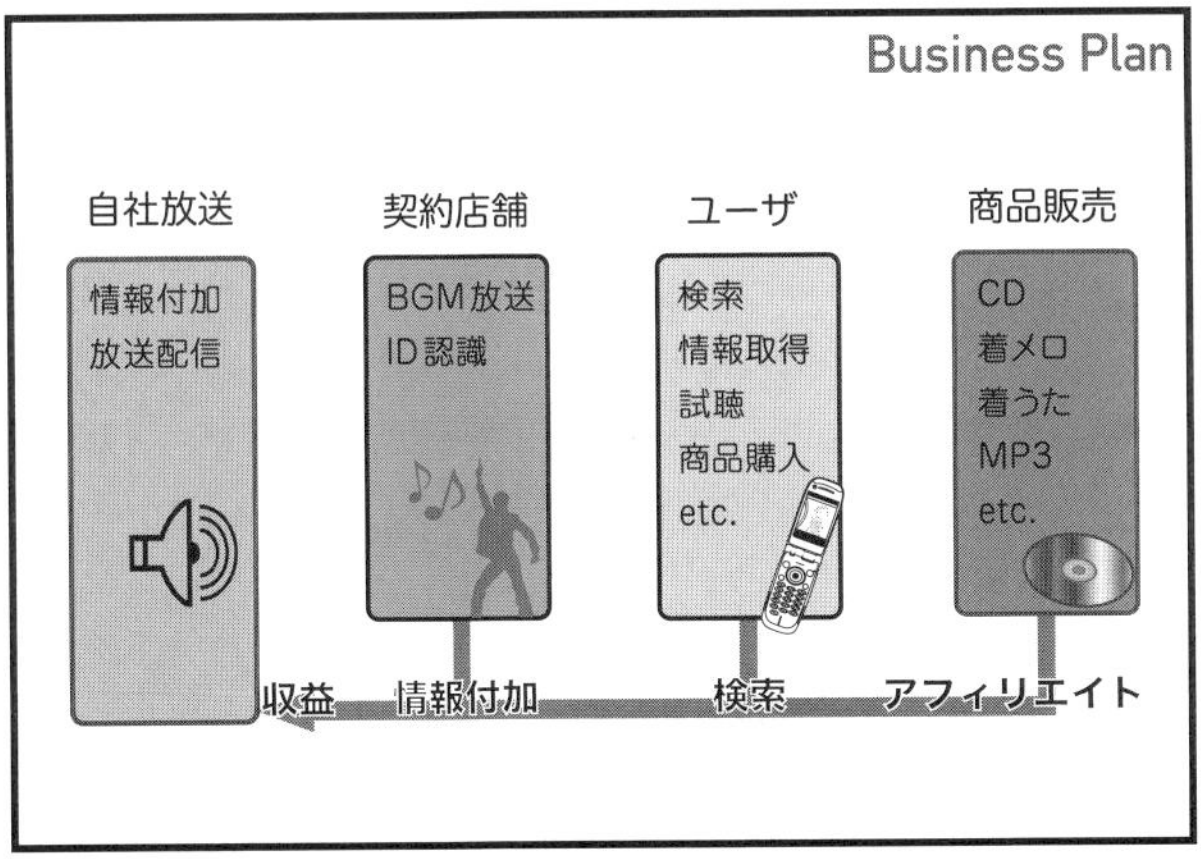

そんな彼らのプロジェクトの名前は「3E Music Search」。３Eとはすなわち、"Everywhere Everytime and Easy"という、このサービスの基本スタイルを強調しての命名だった。

三十二人のメンバーで展開するこのプロジェクトは、ボクらが普通に行うグループワークの中でもかなりの大所帯だ。当然その大人数が、最初から一つの同じ企画を胸に集まってきたわけじゃない。彼らが最初に集まったときはまだ、どういう方向に進むかは誰にもわからなかった。

集団での始動と難関

http://www.ne.senshu-u.ac.jp/~proj17-7/index.htm

「このプロジェクトのそもそものはじまりは、何か面白い企画が出来ないかと、一部の学生が先生に相談を持ちかけたところからだったんです。」

そう教えてくれたのは、プロジェクト3Eのリーダーを務めた三期生の仲間だった。

はじまりは「ビジネスモデルの開発と情報システムへの実装」というテーマだけ。これが教員と数名の学生の間で共通の方向性として定まり、その上でさらに同様の興味を持った学生が集まったことで、そこからプロジェクトがスタートした。実際に何をやるかは決まっていない空白のスタート地点で、こうして集まった彼らがまず始めた事、それは、実際に取り込む企画の内容作りだったという。やりたいことをみんなで決めていこうというスタンスでの始動。だからビジネスモデルを検討しテーマの決定に至るには、一ヶ月以上を費やしたそうだ。

「最初はみんなで、やってみたい事や新しいアイディアを出し合ってビジネスコンペをやりました。その中で音楽検索のテーマが残ったわけです。」

まず実行する内容を決めるまでに時間がかかるスタイル。だけど彼らはこれでいいと言う。

「プロジェクト内容が明確に決まっていて、それをやりたいと思ったのではありません。枠組みは決まってたけど中身は無かった。その中身をみんなで作っていきたいと思い参加した感じです。」

みんなでやることを、みんなで決める。そこからはじめたからこそ意味がある、というわけだ。けれどそれが難関となることもあったらしい。

「プロジェクトは大人数になればなるほど舵を取るのが難しいんです。打ち合わせや目標設定など調整がつきにくくて。そして、誰かに決定権があるわけでもないので作業は各自の責任になっていて、結局細分化されたまま、うやむやになることも多かったです。」

実行してみてからでないと分らない不具合と難関。でもそんなものに足を取られても、彼らは当初の企画の実行を怠りはしなかったのだ。つまり、《ビジネスモデル基づくシステムの実装》である。

企業との連携・市への働きかけ

川崎市には、産学共同研究開発プロジェクト助成事業というものがある。今後成長が期待される産業分野において、市内の中小企業が地域の大学と連携して新製品の研究開発等を行うプロジェクトを対象とした補助金制度だ。

3Ｅのメンバーがこの助成事業の募集を見つけてきた。彼らはすかさず同じネットワーク情報学部に所属する学生が起業した株式会社アブサードスピアとの連携で応募し、見事平成十七年度の助成事業の認定を勝ち取った。これが3Ｅの研究にとって、かなり重大な一歩となったのは言うまでもない。

「プロジェクトで与えられた予算に加えて、川崎市からの助成金を頂けたことで、開発や実験などに十分資金を充てることが出来ました。それに3Ｅの原型となったビジネスモデルが、川崎市のプレゼンで審査員から評価を頂けたこともよかったです。これにより、早い段階で改善点や今後の展開などを詰めることができました。」

ここから3Ｅは「産官学連携」という形態になった。それも一重に《ビジネスモデルに基づく実装》を早い段階から視野に入れていたからこその展開だった。

「川崎市の助成事業に採択された時は、私たちのビジネスモデルが正しく評価された瞬間でもありました。外部の方に認められたことで、より一層プロジェクト実現の自信にも繋がりました。」

さらにこの3EMusicSearch独自の音楽検索システムは、アブサードスピアとの連名で特許出願も行った。こうした経歴を積み上げていくことで、3Eは実ビジネスに最も近いプロジェクトになったのである。

頼まれて参加したコウサ展

開発途中であるにもかかわらず、ビジネスモデルが川崎市に認められた3Eは、その後ビジネスモデルをブラッシュアップして情報システムとして実装した。その結果、学内のプロジェクト発表会でベストプロジェクト賞を受賞した。そして第二回コウサ展にも出展することになった。が、その出展にはちょっと裏がある。

「実は、コウサ展実行委員会に依頼されて、プロジェクト有志で出展という

ことになったんです。もちろん、これまでのビジネスモデルの成果を発表し、外部の方々より評価を受けたいという思いもありましたけど。」

あの頃実行委員だったボクらは、出展者を集めることに苦戦していた。出展者が集まらなければ展示会は成り立たないという事情もあったし、その年のベストプロジェクトに輝いたグループに是非出展して欲しいという思いもあった。自主的な学外発表会を掲げているボクらとしても複雑な思いだった。

そのコウサ展に対しても「外部への発表の機会を設けていただけるのは非常に良いことだと思いました。」というプラスの面と共に、「もっとメディアへの露出や、段取りをよくして欲しいと思いました。」という注文も返ってきた。まだまだ未熟なコウサ展の消化不良な面を突かれた思いだ。

課題があるからこそ次に成長することも出来る。コウサ展もまた新たなメンバーに先代の意思や課題が引き継がれ、今は3Eもその成果の全てを後輩のプロジェクトチームに渡した。

04

千代田Card Project

カードと共に歩んだ二年

「街の情報」を、あなたはどれだけ知っているだろうか。都市とは、過去から現在へと至るさまざまな「文化」や「歴史」が堆積して築かれているが、日常生活で私たちはその表層的な部分しか知ることが出来ない。

「街の中の目に見えない情報（歴史や文化など）をカードとウェブサイトを通して視覚化し、実際に街を歩きながら知ってもらおう」というプロジェクトがある。それが「千代田Card Project」というグループだ。

現在彼らは、千代田区の研究支援事業「千代田学」を通じて「QRコード」を利用した街辞典、および歴史教育コンテンツの研究開発」にチャレンジしている。いわゆる官学連携プロジェクトである。

その場所に行くことを前提として作り、歩いてもらう工夫を多数取り入れ、デザインにもこだわったカード。そのカードに携帯電話をかざしてQRコード（二次元バーコード）を読み込むと、さらに詳しい情報を見ることができる。その中で驚きや新たな発見をして、その場所に興味を持ってもらいたい、というのがこのプロジェクトの趣旨だ。

プロジェクトという授業から始まり、コウサ展、千代田学採択を経て、卒業制作での集大成。二年という月日と共にこのプロジェクトは、そして携わってきた彼らは、どう変わっていったのだろうか。

プロジェクトとしての一年

二〇〇五年、春。

「Text Information」と題した教員提案のプロジェクトに、十二人の学生が集った。

目指すものは「情報の視覚化」。漠然とした、そして壮大なテーマゆえに、彼らは「何を対象にするか」「いかにして表現するか」を中心として納得がいくまで話し合った。そして出た結論が、「Pocket Information」。対象地域は千代田区にある御茶ノ水、秋葉原、神田を中心とした地域。ＱＲコードを利用したカード型街辞典の制作であった。

その当時のことを、彼らはこう振り返る。

「カードに決まるまでには、実際に自分の足で街を歩き、見て、知ることが重要でした。はじめは先生にフィールドワークの方法から指導を受け、その後は自分たちで何度も歩きに。一、二年生のときはこのような授業はなかったので、授業外や休みを利用して制作を進めていくのが大変でした。」

更に、こういった地域に根ざした研究では地域の協力が不可欠だ。この問題を解決したのは、担当教員が見つけてきた「千代田区の研究支援事業」だった。彼らに迷いは無かった。「ここ（千代田学）で研究を続けることができれば、今までできなかったことができるようになる」そう確信して、すぐに申請を決めた。採用されるかどうかはわからない。けれど、目標が定まった彼らは、追い込みで毎日研究室に０時過ぎまで残って作業をしたり、配布用のカード型ハンドアウトを作るために、各自百枚もの用紙を切っては糊付けする作業を繰り返したりと、苦労を重ねながらも着実に研究を進め、無事にデモ会、最終発表会を終えた。

コウサ展は彼らに何をもたらしたか？

　春休みに入った二〇〇六年二月。

　日本科学未来館で開催された第二回コウサ展に出展した彼らは、そこで沢山の発見と出会う。

「コウサ展に出展して得られた事はたくさんあります。その中でもさまざまな方から作品に対しての《生の声》が聞けたことが一番大きかったと思います。」

　プロジェクトのデモ会は学外にも門戸を開いているが、本当の意味で『一般人』が訪れることは殆ど無いに等しい。未来館の展示会場に来る客は必ずしもコウサ展が目当てではないので、一から丁寧に説明し、作品の事を知ってもらうことになる。当然、返ってくる反応は学内での発表のときよりもずっと新鮮で身近なものとなった。

「親子連れの小さな子供から意見を聞けるこ

となんて普段はないでしょう。さまざまな方の意見を聞いて、『なるほど、そういう考え方もあるのか。』と感心させられました。」

ここで「感心した」というだけで終わらないのが彼らの凄いところである。

「例えば主婦の方から『おいしいお店の情報や周辺の情報も載せて！』という声や親子連れのお母さんから『小学生に学校周辺を歩かせて情報を集めさせたら、地域学習にすごく良いと思います。』という意見がありました。」

彼らはそれら全ての意見を持ち帰り、検討に検討を重ねた。その結果、周辺情報の洗い出しや豆知識の追加、ＱＲコードの改良、子供用カード、さらには英語表記の観光客用カードの作成も視野に入れるようになったという。コウサ展は人と人とが交差する場所でもある。時にこのような出会いも生まれるのだ。

「コウサ展の中で、今まで見えなかった多くの可能性が見えてきたと思います。学部内だけだと違う発想が出てこないこともあるので、違う分野の方々からの声が聞けるコウサ展はとても有意義なイベントだったと思います。」

卒業制作としての一年

そして二〇〇六年三月。ついに彼らのプロジェクトは千代田区を動かした。補助金事業に採択されたのだ。

「とても嬉しかったです。その反面、『このプロジェクトはどこまで行くのかなぁ』とか、『今年も大変になるなぁ』という気持ちもありました。」

プロジェクトという授業の中の一グループから、千代田学という官学連携事業のグループへ。この変化は、研究だけでなく彼ら自身にも変化を促した。

ひとつ目は、メンバーの組み直し。

プロジェクトから卒業制作（千代田学）へ移行するにあたって、十二人いたメンバーは六人に減った。

「もともと全員揃って千代田学をやることは考えていませんでした。四年生の過ごし方は人それぞれですし、他にやりたいことがある人もいたので『やる気があって、続けられる人だけで続ける』ということになりました。」

とはいえ、悪い影響があったという訳ではない。

「むしろ少数精鋭になった感じで、割と風通しは良くなったと思います。」

以前のように意見調整に膨大な時間を割く事がなくなり、その分、研究に時間を費やすことができるようになった。

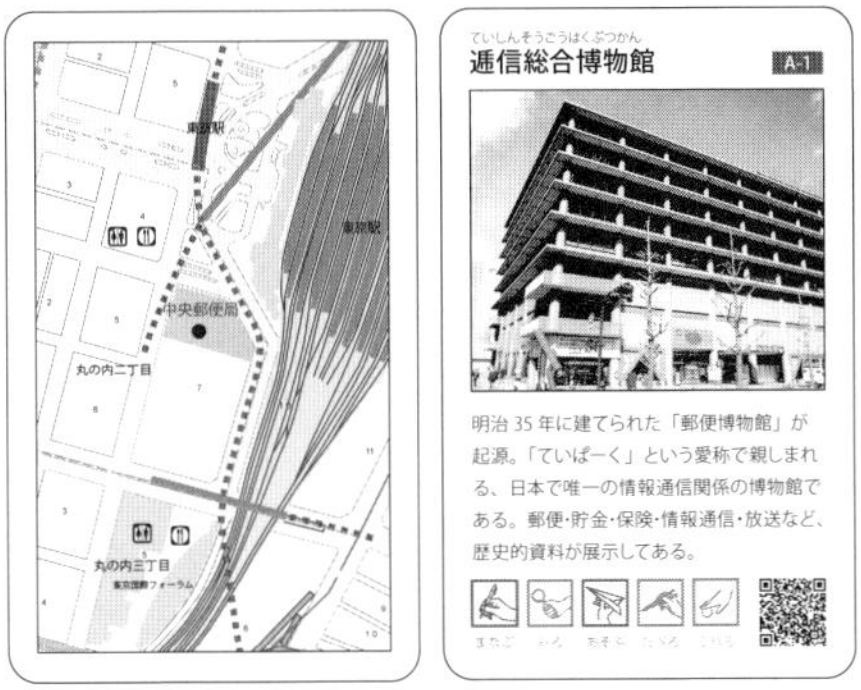

Sample

ふたつ目は、意識の変化。

研究費をもらって活動をする事で、全員がいい意味での緊張感と責任感を持って行動するようになった。反面、締め切り厳守なのでタスクスケジュールをしっかりと組む必要があった。また、何かをする時にきちんとした手続きが必要になる事が多く、自分たちの行動が色々な人に影響を及ぼしたりするなど、難しい面も増えた。

こうした多くの経験は、すべて研究に活かされてきた。研究対象地域は御茶ノ水から丸の内に変わり、カードのデザインや使い勝手も改良して使いやすくなった。載せる情報も歴史だけではなく、豆知識なども盛り込むことにした。確実に、研究の質も成果も向上している。

終着点

　プロジェクトが始まった頃と、千代田学として活動している今、二年間研究を続けてきた中で、彼らにとっての『終着点』はどこにあるのだろうか。

「千代田学の終着点は、カードを実際に街の中に設置していろいろな人に手にとってもらうことです。プロジェクトの時には構想として街に設置することを前提に作っていましたが、今回は実際に街に設置して使ってもらう事を目標としています。」

　また、彼らはこう語る。
「私たちは『コウサ展（など外部向けの展示会）に出展して終わり』というのはとても勿体無いと思います。展示会の中でさまざまなフィードバックを得ることができれば、より良い作品が作れることは間違いないからです。展示会など、外部への発表の場を《更なる発展の手段》として有意義に使ってくれればと思っています。」
　彼らからは、作品や自分自身を成長させる事には前向きにチャレンジしよう！という強い精神が伺えた。

第五章

ボクらの葛藤

疑問

「どうして、学外展示会を開催するのか」

ボクらはコウサ展開催に向かって活動を続けながら、何度もこのことを考えた。

第一回のパンフレットには、コウサ展の主旨が次のように書かれている。

「ネットワーク情報学部にある三つのコースの横のつながりを持ち、各コースの専門領域の幅広さを活かしながら一つの展示物を作り上げる。そして出展するもの同士で刺激を与え合い、展示物を見に来た人からは新たなフィードバックを得て、自らの可能性や成果を内部に限らず外部にも示していこうとするもの」

また先輩たちには、「すでに学部側からプロジェクトや卒業制作などを発表する場所を用意されているにもかかわらず、わざわざ出展者のみんなでお金を出し合ってまで展示会を開催するのは、自分たちからアクションすればきっと何かが変わるはずだ」という思いがあった。

では、ボクらは、どうして第二回目コウサ展を開催したのだろうか。

「先輩によって一度つけられた炎を絶やしたくはないから」

「面白そうだから」

「学部の人々への刺激になればいいから」

「学部にも、自分たちの作品を発表する場所があっていいのではないか」

第二回コウサ展スタッフになったボクらは、コウサ展をキッカケに学部がもっと活性化されるのではないか、三つのコースが先輩後輩の区別なく交流していける学部になる足がかりになって欲しい、そんなことを目標にして活動をしていた。けれどその一方で、「自分から展示会に出展したいという人がほとんどいないのに、ただコウサ展を続けていきたいというだけで開催するのはどうなんだろう?」という疑問も残り、それが原因でコウサ展から離れていった仲間もいた。

「お金をかけてコウサ展に出展することで、どんなメリットがあるのか？」

この言葉はボクらが出展者を集めようと、各研究室やいろんな人たちに声をかけて回っているときにしばしば投げかけられた言葉だ。こういう反応を予想はしていたが、実際に言われてみると正直悲しいモノがあった。

「みんな、この展示会には何の価値も感じてくれないのか。だったらボクらは何のためにコウサ展をやろうとしているんだろう？」

誰もが「やろう、やろう」と言うような一体感がすぐに生まれるとは思わなかったが、あまりにも消極的な反応が続くと、ボクらも虚しい気持ちになる時があった。

しかしボクらは第二回コウサ展を開催した。それは、悩んで何もしなければ、何も変えることは出来ないけれど、何かをすれば、もしかしたら変えられるかもしれないと思ったからだ。その変化が良いか悪いかは分からないけれど、そうやって一歩前に進むことはとても大切なことではないか、と思ったのだ。

そんなことを思いながらも一方で、未熟なボクらはたくさんの失敗を重ねていた。一年間を通じての活動の中で、モチベーションが下がって作業が滞ってしまったり、準備に対する用意が不十分で、直前に慌ててしまったり、その結果、手伝ってくれた仲間や出展者たちに迷惑をかけてしまったり…。数え上げたらキリがないほどだ。

ボクらよりももっと優秀な人はたくさんいるし、もしかしたら他の人がスタッフをしていた方がスムーズに開催まで辿り着いたかもしれない。しかし、ボクらは信じていた。どんなことがあっても、スタッフとしてこのコウサ展に携わり続けなければ、何も変えることが出来ないということを。実際に行動しなければ何も成し遂げることが出来ないということを。そう思うことが出来たからボクらは活動を続けることが出来た。

コウサ展を開催した後、たくさんの出展者から「出展して良かった」、「新しい意見が聞けて良かった」という声を聞くことが出来た。実際に出展するまでは、「面倒くさい」「メリットがない」と思っていた人も中にはいたのに、終わってみれば、しっかりと何かを得てくれていた。出展者は八十六人という学部全体から見たらまだまだ少ない数だけど、これがボクらが一年間かけて得た、わずかだが、確かな変化だと思う。ボクらは先輩たちの足あとをたどりつつ、さまざまな変化を感じてきた。

人を巻き込む

それでは一期生である先輩たちはどうだったのだろう。先輩にもコウサ展を開催するためにさまざまな悩みがあったに違いない。そしてそこで、何かを得ているに違いないだろうとボクらは考え、先輩たちに直撃してみた。

「他の大学とかにはノウハウがあるかもしれないけど、自分たちには無かったから何をしたらいいのか、とかまったく解んなくて大変だった。お金がない、やり方がわからない、人が集まるかもわからない、という三つの大きな問題もあって二ヶ月間ずっと苦しんだ。」

ボクらはこの言葉を聞いて驚いた。そうだとすると、どうやってコウサ展開催までこぎつけたのだろうか。

右も左もわからない状態の中で先輩は「出来ないなら自分でやらずに、出来そうな人を引き込んでそいつに任せる」という考えのもと、いろいろな人を巻き込んでコウサ展を完成させていったようだ。「出来そうな人に任せる」というのは、ボクらが先輩に聞いた中で一番印象に残っている言葉でもある。

展示会開催のノウハウ、会場選び、ダイレクトメールの配布、予算、デザイン、機材管理、などさまざまに「出来そうな人に任せる」スタイルで、展示会として形にさせていく。そしてそれと同時に、コンセプトである「お互いの交流」を実現出来ていることもボクらは凄いと感じた。ボクらも含め、先輩たち第一回コウサ展のスタッフ皆が手探りで始めた展示会、そこには確かな努力と苦労の成果があったと思う。

もうひとつボクらがちょっと気になっていたことがある。先輩たち一期生は、いろいろなことが試行錯誤の新しい学部に対する不満から、学部に頼らず自分たちで何かやろうと考えてこのコウサ展を始めた。だから今も、学生有志の自主的な展示会、というコンセプトが受け継がれている。でも実際には、育友会の支援を受けたり、機材の調達で学部の協力を受けたり、先生や職員の人たちの知恵も借りてコウサ展は実現してきた。第二回からは会場費も学部が負担してくれている。こんなふうに学部が協力してくれることに、先輩たちは矛盾を感じてないのだろうか？学生主体といいながら、展示の大半が大学の授業の成果物であることに、ボクら自身葛藤があったのだし。すると先輩からはあっさりと明快な答えが返ってきた。

「Kが言ったんだよね。使えるものは使っちゃえばいいって。学部だろうが、先生だろうが、自分たちの目標を実現するのに手を貸してくれるんだったら、利用しちゃえばいいって。」


まさに究極の「人を巻き込む」というわけだ。

第一回目で形にするためにボクらの先輩が悩み、第二回目でより良くするためにボクらが葛藤し、今、第三回目でボクらの後輩が、さらにコウサ展で自分たちの色を出そうと努力している。何かを始めてみて、誰もが先輩のように、例えば

Crossing Exhibition 2006

「コウサ展をやって良かったか、悪かったか解らない。でも、やっちゃったものはしょうがない！とにかく色々な人と交流できて良かった。」
「コウサ展に参加して、人と知り合えて、俺はこういう奴でこんな感じだったんだ、みたいなことに気付いた。」
そんな風に感じられたら、それはボクらが、そしてアナタが得る次へ繋がる何かなのだと思う。
迷うよりもまず一歩を！

第六章

ボクらの後輩

第三回コウサ展実施に向けて挑戦中

ALL STAFFS

３年生…７名

１年生…２名

第二回コウサ展終了直後の食事会の席で、ボクらは後輩が第三回コウサ展の開催を既に考え始めていることを知った。ボクらと同様にスタッフや出展者として参加していた彼らが、いつの間にか自らの意思で次回の学外展示会の開催を考えてくれていたことは、ボクらにとってとても嬉しいことだった。

コウサ展そのものが「義務」や「伝統」というような縛りを持ったものになっていくことは、ボクらの先輩もボクらも望んではいなかった。ボクらが残し、繋いでいきたかったことはただひとつ。まだまだ歴史の浅いこのネットワーク情報学部で、自らの意思で学外へ向けて発信して行こうとするモチベーションを持つことの大切さだったのだ。

授業をはじめ、学部内のイベントでも、縦の繋がりを持つ機会が少ないこの学部で、コウサ展を通じて後輩の中に同じ気持ちを見つけることが出来たボクらはラッキーだったと思う。

左の図は、ボクらの眼から見た後輩のキャラクター成分表だ。一位はアグレッシブさ、二位は責任感の強さ、三位は若さ。

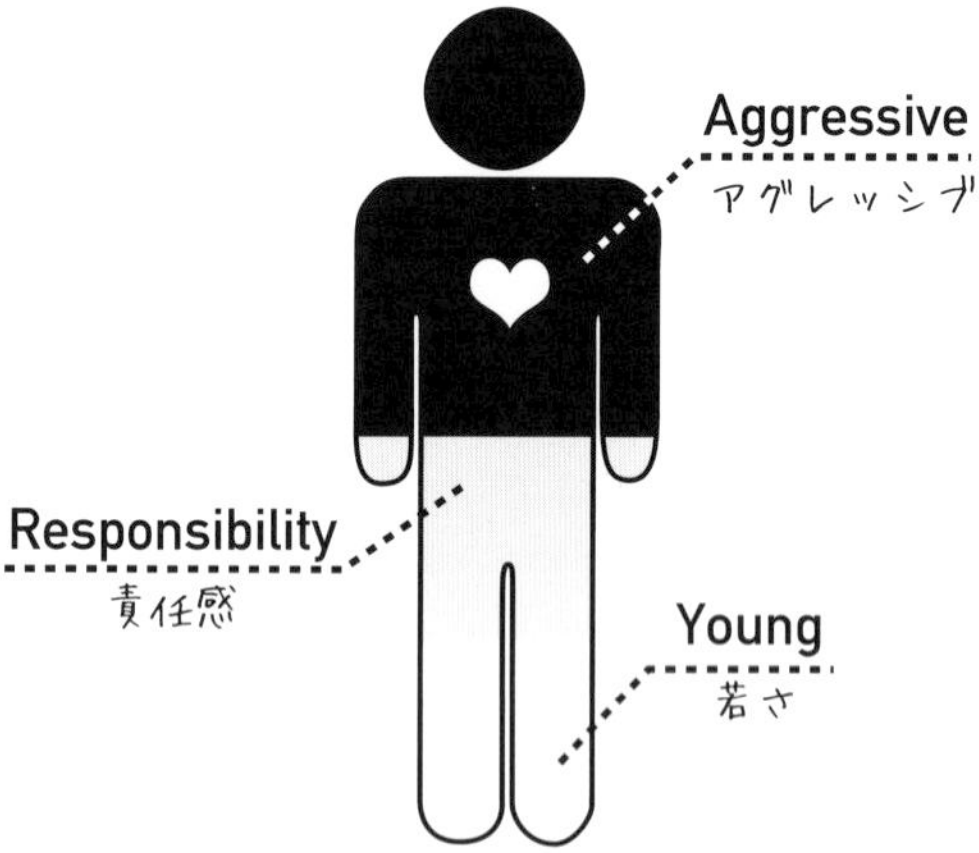

第一位アグレッシブ

第三回コウサ展は、三年生を中心とした後輩スタッフに託して、ボクらは完全に見守る側となった。コウサ展を開催する側として携われなくなったことは、正直言えば少し寂しく思ったけれど、彼らならではの学外展示会を開催するためには、ボクらが身を引くことは必要だろうと思った。

当たり前といえば当たり前なのだが、先輩とボクらが大きく違っていたように、後輩とボクらも大きく違っていた。先輩とボクらは二学年の差があった事と、一期生と三期生という違いも大きかった。しかしボクらと後輩とは、徐々に学部内の授業が充実してきたこともあって、学習環境にはそれほど大きな差がなかった。それでも、たった一学年違うだけでこれほど特徴が異なるものなんだなぁと驚いた。

　ボクらと後輩が一番違うところといえば、そのアグレッシブさだ。ボクらは〝スゴイ〟先輩を目の当たりにしていたせいか、今思い返せば、先輩に恥じないようなコウサ展を実現することを意識しているところがあった。ボクら自身の独自性を出すことを主目的にはしていなかったのだ。

　しかし後輩は違う。ボクらから何かを聞くこともほとんどなく、自分たちが実現したい学外展示会をイメージし、それを元にコンセプトやデザインを考え、打ち出している。

　第三回コウサ展のコンセプトは「Do Up～つながりの場所～」。「Do Up」とは〝結ぶ〟という意味。後輩は、人と人、情報と情報、情報と人を結ぶ、そんな場としての「コウサ展」を創り上げようとしている。そして同時に、会場作りも手掛けることで、これまでにはなかったような盛り上げを図るという新しい試みを持って挑んでいる。

●メディアアート
映像、静止画、Web、
インタラクティブコンテンツ

●プロダクトデザイン
生活を便利にするための
ツールや提案、また起業案

●プログラム・ソフトウェア
プログラム、システム、
ソフトウェア

●講義内の制作作品
講義内で作成した課題や、
プロジェクト、卒業制作

また、授業の中で制作したものだけではなく、コウサ展の元々の目的である個人的に制作した作品やアイディアを積極的に『見せる』ということを後押しするために、出展物を上表のようにわかりやすくカテゴリーで示して、出展者の意欲を引き立たせるような誘導も行っている。出展する側が積極的になるような仕掛け作りを始めた後輩たちの『攻め』の姿勢にボクらとの違いを大きく感じ、頼もしく思った。

第二位責任感

ボクらは仲間意識が高かったせいか、代表やチーフは大まかに決めていたものの、全員で相談して全員で決めるようにしていた。そうしないと、なかなか全体のバランスが取り辛かったからだ。しかし、ボクらのやり方では、決定権が誰にも存在しないため、決め手になるものが出てこない限り、延々とコトが決まらないということが多々あった。

その教訓を生かしてか、後輩は意思決定についてトップダウン制を取っている。各部署のリーダーがスタッフを統率していこうとする意識や、仕事を確実にこなそうとする責任感の強さには驚かされた。自分自身にも、スタッフ全体としても厳しさを持って、真剣にコウサ展に向き合っている姿がとても眩しく誇らしく思った。

第三位若さ

たった一年前はボクらも三年生であり、今の後輩と同じように授業とコウサ展とプライベートをなんとか両立させていたはずなのに、後輩を見て「元気だなぁ」「若いなぁ」と思ってしまうところが悲しい。ボクらの学部は課題やそれに対する勉強などがかなりハードで、一〜三年生までは、一週間の内に徹夜や睡眠時間が三・四時間というのが当たり前だったりする。そんな風に過ごしてきて、年々タフになってきているはずなのに、一学年進む度に、「もう去年みたいに乗り切れる体力がない」とぼやいてしまうのは何故なんだろうと不思議に思う。だから、忙しく色んなことを頑張っている後輩にエールを送りたい。

後輩の想い

前述したが、ボクらは第三回コウサ展に関して、実はほとんど何も知らなかった。そこで二〇〇六年九月の座談会で、後輩の想いを聞いてみた。

後輩への質問
Questions to our junior

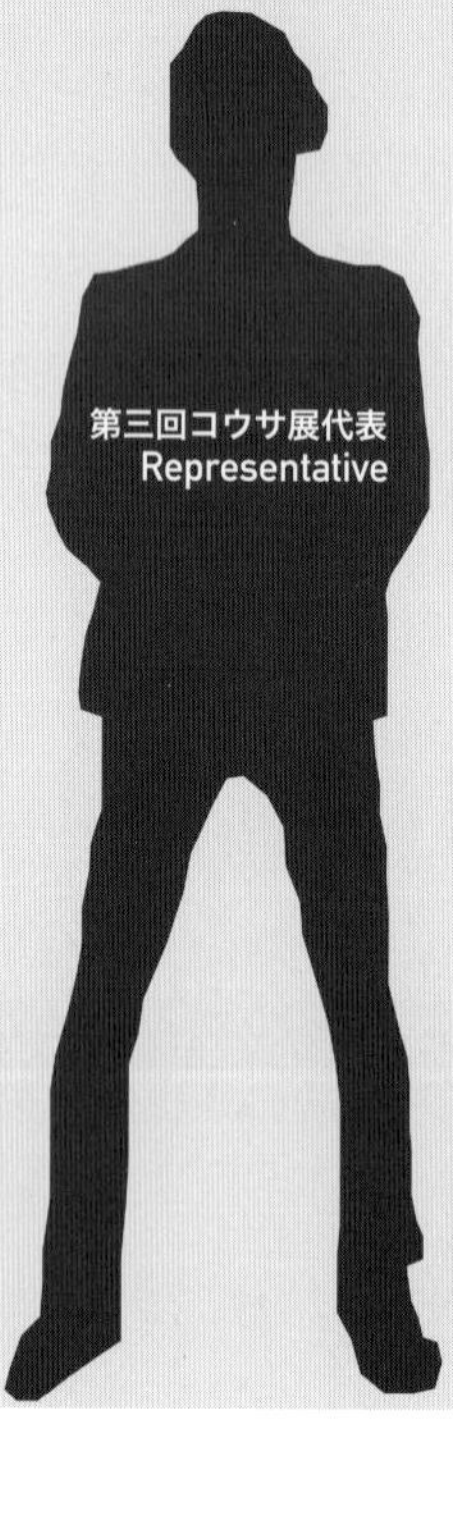

T…「第二回コウサ展にスタッフと出展者として参加したということもあるんですが、外に出て、一般の人の話を聞ける機会や、この学部では学年間の交流がないので、去年は先輩方と話をする機会があって楽しかったので、**そういった刺激を得たい**という思いで参加しました。」

Q コウサ展にスタッフとして参加してみようと思ったきっかけは？

U…「去年参加したきっかけは面白そうだなと思ったからです。サークルとか何もやっていなかったので、何かやるにはいい機会だなと思いました。でも、最後の方に入ったので、分からないところがいっぱいあったんですけど、とりあえず出来ることをやってました。それでもやっぱり面白いと感じて今年もやろうと思いました。」

Y…「去年、自分の制作物ではなかったんですが、手伝いで出展者として参加したんですけど、それも含めて大学生の内に色々な経験をしておきたいなと思って参加しました。今、デザイン部で仕事をしているんですけど、まだ自分で仕事ができていないので、もう少し力になれたらいいなと思ってます。」

M…「去年出展者として参加してみて、学部内の発表では専門的な意見が中心になるんですが、外に出してみると視点が違うので、専門的なところではないところにも大切なものがあるということが分かって、とても楽しかったので。」

Q 第三回コウサ展についてどのように考えているか？

T…「今年のコウサ展では、僕たち主催者側がなにかを伝えたいというよりも、出展者が参加してみて、そこから何かを得るきっかけになって欲しいと思っています。去年出展してみて、色んな人の見方や意見を聞けたのも良かったし、モチベーションの高い人が多かったので、モチベーションを上げるためにもいい機会だったと思ってます。」

U…「昨年の来場者は、一般の家族連れの方が多くて、お父さんは見て面白そうにしていたんですが、お母さんや子供には難しかったり、中年の女性に『ITなんてわからないわ』と言われてしまったりしていたんです。私達は普段、同じくらいの知識量を持った人たちに囲まれていて、その中で話をしている訳ですけど、外に出した時に、周りは「分からないわ」って感じている人。そこに出して、その人たちに分かるように説明できるようになるのも一つのスキルであると思うし、勉強になると思うし、何か得るものがあると思うんです。」

後輩への質問

Questions to our junior

I…「全体的なイメージとしては、来場者に楽しんでもらおうということは勿論考えています。それとは少し違うところで、ネットワーク情報学部の中で「コウサ展って何?」とか「コウサ展ってあるの?」というレベルから、今回のコウサ展で**「僕らでもコウサ展に出展できるかな」という、もう一歩進んで**いけるようなものにしたいと考えています。」

一年生の想い

第三回コウサ展スタッフに、一年生が二人スタッフとして参加している。今年ネットワーク情報学部に入学して、彼らがどんな想いでコウサ展に参加し、これからの学校生活にどんな夢を持っているのか聞いてみた。

一年生への質問
Questions to the freshmen

Qコウサ展スタッフになった理由は？

M…「高校の頃から、大学に入ったら何か人の先頭に立って統率するようなことがしたいと思っていて、具体的にどんなことをしようかと考えていた時に先輩からコウサ展の話を聞き、これなら自分のやりたい事に近いのではないかと考えたのが理由の一つです。」

Qスタッフとしてコウサ展に参加することの意義は？

M…「スタッフとして活動することで、様々な部分で刺激を受けるところに意義を感じます。特に先輩達はみんなモチベーションの高い人ばかりなので、自分ももっと頑張らなければ、といつも良い刺激をもらっています。」

M君

Qこれから挑戦してみたいことや学びたいことは？

M…「コウサ展の代表になることに挑戦してみたいです。組織を動かす、ということは昔からやりたいと考えていたことなので、挑戦して様々な事を吸収できたらいいなと思っています。」

T君

Q先輩方と比べて「違うな」と思ったことは？

T…「私が一番感じているのは「発想力」と「柔軟性」の違いです。一〇人足らずのスタッフなので、いいアイディアが出ない事もある中で、次々と案を出しているという点で発想力が違うというのが一点。もう一点の柔軟性ですが、スタッフの人数が少ない分出来る仕事の量は限られてきます。そんな中で臨機応変に対応していく柔軟性が違うと感じます。」

Qこれから挑戦してみたいことや学びたいことは？

T…「コウサ展をはじめプロジェクトなど社会に出るときに自信になるような大きなことをやってみたいですね。私はプログラミングが好きなので、それに関連したことができればいいと思います。」

Column 08

情報の積み木

彩食柑実 ―柑橘類が彩る一年―

ROCK MEN

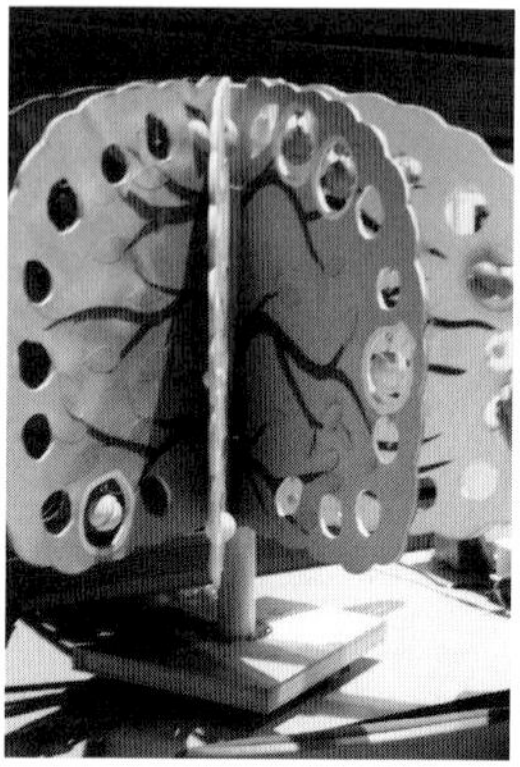

概要 彩食柑実

実際の柑橘類に似せて作ったオブジェクトモデルを使用して、その大きさで月ごとの生産量の違いの情報を可視化しました。

また生産量の最も多い月には、オブジェクトにＩＣタグを付け、リーダーで読み取ることで柑橘類の詳細なデータをＰＣで見ることが出来るようになっています。

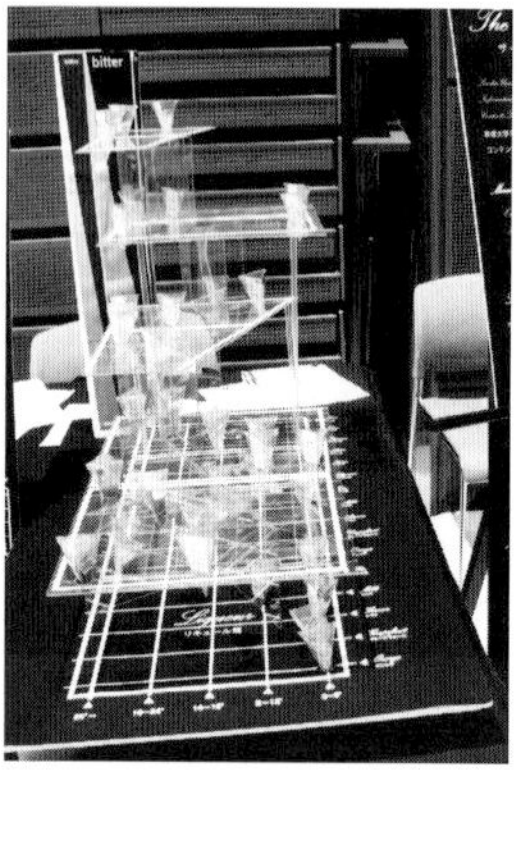

概要 ROCK MEN

カクテルを題材とした三次元立体ダイアグラムとして、味・アルコールベース、色、材料を軸に取った模型を制作しました。

カクテルに模したオブジェクトにはＩＣタグがついていて、リーダーに乗せるとそのカクテルの作り方や名前の由来が表示されるようになっています。

Q どのような反応がありましたか？　ROCK MEN

何度も手にとって試してくれる来場者の方もいました。

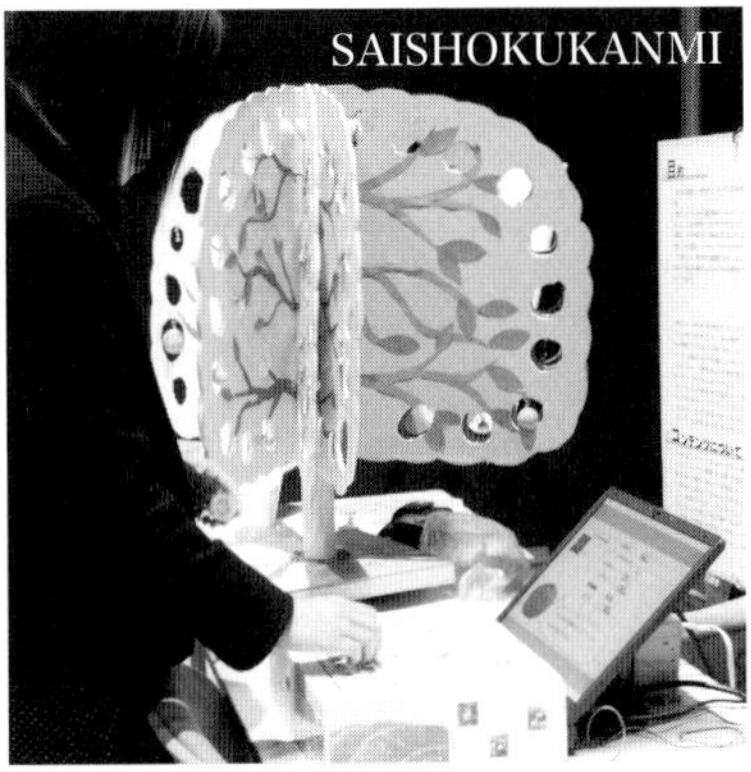

Q どのような反応がありましたか？　彩食柑実

みかんの木の模型は家族連れで来て下さったお子さんには結構好評でした。大学の先生、企業の方も見に来て頂き、中には厳しい意見もありましたが参考になる面白い話を聞けました。一般の方にも説明をすると、すごいですね、頑張って作ったんですね、など言って頂きとても嬉しかったです。

Q アドバイス

自分が作った成果物を学外の方々に説明する場があるのは大変貴重なことだと思います。一般の方から頂く意見は自分が考えもしなかった事があったり、製作段階で気付かなかったアイデアを聞けます。何より自分の作品を胸張って説明するのは楽しいですよ。

Column 09

ディジタル万華鏡を作ろう

2006 綿貫・坂本プロジェクト

概要

近年、万華鏡は一つの芸術作品として扱われています。普通の万華鏡（アナログ）は自分で作成することができ、見るもの（マテリアル）を自分で変えることもできます。

そこでさらに万華鏡を進化させようと考えたものが「ディジタル万華鏡」です。アナログには物を直接見るという臨場感が味わえますが、ディジタルには無限の可能性があり、〝色〟や〝動き〟をはじめとして、マテリアルも自由自在に変化させることが出来ます。そんな2つの利点を生かしたディジタル万華鏡を作成しました。

Digital kaleidoscope logomark

Q 一番の見所は？

■ScreenScope■

　インテリア性を意識した芸術としての万華鏡です。〝時〟というテーマを万華鏡で魅せたいです。

■MobileScope■

　楽しむことに重点をおいた万華鏡作成システムを制作したので、思わず楽しくなるようなシステムで万華鏡の魅力を魅せたいです。

Q コウサ展で経験したいこと

　コウサ展は自己満足の場でもあると思うので、多くの人たちに自分たちの頑張りを見てもらい、まずは自分たちの一年間に満足感と最後の終止符を打ちたいです。

　その中で、発表の経験をしたり、知らない人とコミュニケーションを取ったりなど、なんらかの事をプラスに感じられたらいいなと思っています。

ScreenScope

MobileScope

Under Construction
http://www.ne.senshu-u.ac.jp/~proj18-24/

おわりに――ボクらの未来・アナタの未来

ここまでこの本を読まれた方々は、きっと色々なことを感じたと思う。
中には、「ボクらが頑張ったように書いてあるけど、大学という大きな存在の協力無しでは、結局コウサ展は上手くいかなかったんじゃないか」という見方もあるかもしれない。そう指摘されたら、ボクらも「その通りです」としか言いようがない。
だが、この本をここまで読んでくれたアナタには、是非、それ以外のところにも少し目を向けてみて欲しい。

もしボクらが漫然と活動をしていたら、はたして大学や仲間は助けの手を差し伸べてくれていたのだろうか。

開催するまでの間は色々言われていたコウサ展だったが、開催後、出展者の感想はどう変わったか。

もしボクらがアクションを起こしていなかったら、コウサ展が開催されていなかったら、どんな未来が待っていたのか。

実際に行動してみて、そしてそれを振り返ってみて、よくやく気づいたことばかりだけど、ボクらはここにこそ本当に「大切なこと」があるのではないかと思う。

そんな「大切なこと」を少しずつ積み上げていって、ついに花開いたボクらの大先輩が先日、ネットワーク情報学部で講演をして下さった。

大先輩の名は、尾崎英二郎さん（平成三年経済学部卒）。

尾崎さんは、俳優を目指し努力を重ね、「ラストサムライ」をはじめハリウッド映画に出演、ついに「硫黄島の手紙」で主要キャストに近い大久保中尉役で出演という快挙を成し遂げた。

彼は、講演の最後にこんなことを語っていた。

「自分の夢ややりたいことを人に語ると、『そんなの無理だよ』とか『できっこないよ』っていろんな人が引き止めるかも知れない。けど、もしそれが間違いだったとしても、そういうことを言った人は後から責任を取ってくれたりはしないのだ。その責任は最後には自分が背負うのだから、自分で決着をつければいい。

僕だって学生時代はこういう映画に出演できるなんて本当に夢にも思わなかったけど、なんとか続けていたら願いは叶った。だからやりたいことに対する強い思いを持って欲しい。」

それはボクらもコウサ展を通じて強く感じたことだ。コウサ展も「展示する人たちがなんて言うか」「コウサ展を見る人たちがなんて言うか」ということよりも、「ボクらはコウサ展を実現させたい」「コウサ展を経験することにきっと価値がある」と強く思うことが何よりも大事だった。

高校の頃は「気づいたら受験勉強で終わっていた」
大学の頃は「大学に、バイトに、遊びにと、今を生きることに精一杯」
社会に出れば「毎日の仕事に追われて、何かをやろうなんて考えつかない」
親になれば「子どもに、夢を追わないで現実を見なさい、と言っている」
ボクらはふと気づくと、こんな日々を過ごしてしまいがちだ。そして、そんな毎日をいい訳にして、不満を誰かのせいにしてしまっている。
でも、ボクらはコウサ展を通じて、そんな毎日は自分の力で変えられることに気づいた。もし不満があったら、まず自分が行動を起こすことで、それが誰かに伝わって、何かが変わるかもしれないことを知った。
だから、ボクらはこれから先、どんなときもここで感じた「大切なこと」を忘れずにいたい。

「何かをしなければ、何も変わらない」と。
そして、アナタもきっとその「大切なこと」に気づいているに違いない。

※展示会直前の注意点

▶機材を借りる場合、品目ごとにチェックリストを作成し、借りたときと同じ状態で返却できるようにしておくこと。

▶会場設営、片付けの段取りをきちんと決めておき、出展者が混乱しないようにしておくこと。

10月

DMとポスター作成。

12月

DMを発注。ポスター掲示。
パンフレット作成開始。
必要機材の確保を行う。

10
October
December
12
2
February
11
November
1
January
March
3

11月

出展者説明会を行う。
搬出入方法を確定させ、手配する。

1月

パンフレット発注。
出展者をサポートしながら、機材チェックリストなどを作成。

2&3月

展示会開催。
展示会終了後、
お礼状作成、郵送。

付録
展示会ノウハウ

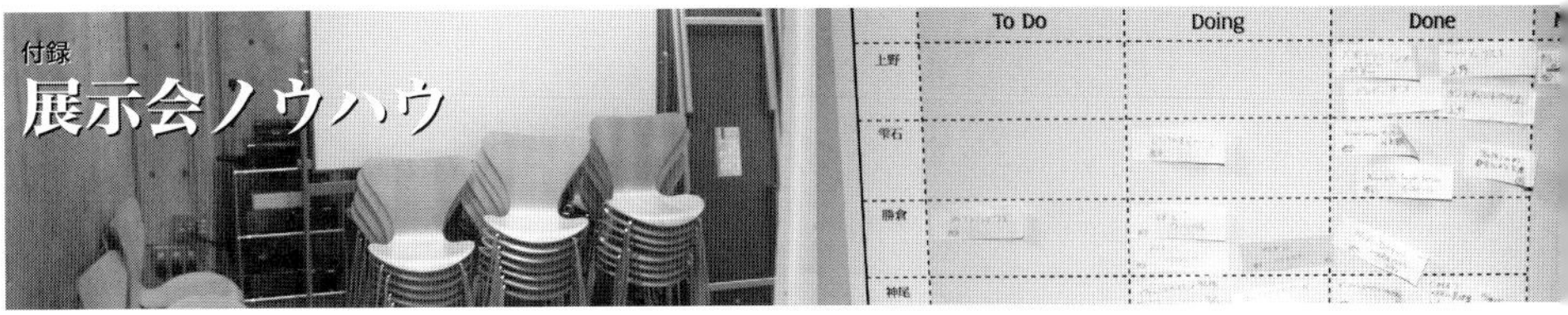

ここでは、ボクらの経験を元に、学生が展示会を開催する際のおおまかな手順を紹介したい。
なお、人気のある展示会場は競争が激しく、早めに予約しないととれないので注意。

4 April
5 May
6 June
7 July
8 August
9 September

4月
展示会を開催するための仲間を集める。

5月
仲間を集めながら、開催場所をリサーチする。この時、物品の運搬などのことも考慮するのが大切。

6月
どのような展示会にするのか考えながら会場を決定し、予約する。

7月
展示会の概要を発表して、出展者を募る。必要であればポスターなどを制作するのも良い。
Web ページも作成する。

8月
会場で出来ることと出来ないことをしっかり確認し、展示会のイメージを固める。

9月
内外への宣伝方法を考え、展示会に必要なポスター、DMを制作し始める。

プロジェクト

プロジェクトは3年次の必修科目である。約10人の学生が1グループとなり、原則ひとりの指導教員の下に、1つのテーマを1年間を通じて追究しようという研究授業である。

この科目は従来型の演習やゼミとは異なり、具体的な学習内容が予め定められていない。2年次の後半に、学生(有志)と教員からそれぞれにプロジェクトテーマが提案され、その中から参加したいテーマを選んでグループが結成される。内容については、教員からアドバイスがもらえるものの、どのような計画で仕事を進めていくかなど、すべての実行は学生たちが自ら決定していかなければならない。3年次の学習活動の中心位置を占めるのは勿論のこと、4年間のカリキュラムの中でも最大の難関である。

プロジェクトの重要な点は、2年次から分かれて学習していたコースの違う学生たちが集まって行うことである。それぞれ得意分野の違う仲間たちが、自分の担うべき分野を理解し、目標達成に向けて力を合わせなければならない仕組みだ。これは実社会における事業やプロジェクトとも通じる内容であり、実践的な学習になる。

成果物の質を高めるための知識・技術の習得は当然ながら、何より学生間・学生と教員間の長期における緊密なコミュニケーションが必須となり、それまでのグループワークとは比べ物にならないほど、技術面以外での課題に直面させられる。

1年間の長丁場の中で、夏休み前に行われる中間報告会、12月に行われる最終報告会とプロジェクト発表会(デモ会)が節目となり、1月末の最終成果提出まで力を抜けない。またプロジェクトの研究経過は随時各プロジェクトのウェブページに掲載され、外部の目に触れるようになっている。特に、毎年12月中旬頃に学内で行われるプロジェクト発表会は、学部内だけでなく、学内や外部の企業の方なども見に来られる、大掛かりなイベントになっている。

卒業制作

大学生活最後の総仕上げとなる4年次の科目が卒業制作である。(ITCコース以外は)必修ではないが、これに取り組む学生は少なくない。

卒業制作は、3年次までの研究開発を直接的または間接的に発展させ、より理論的な立場からの研究を、個人で1年間かけて実行するものである(例外的に数名までのグループワークもあり)。

大学院進学を目指す学生、または専門能力や深い洞察力を養いたいといった学生に適しているが、大学生のうちに何か自分の成果を形にしたい、という学生にもお勧めだ。3年次のプロジェクトでも成果は出せるが、これはグループでの成果だ。個人としての成果を出すなら卒業制作、ということになる。

通常前年の10月頃に教員から募集が行われ、履修を希望する学生は、募集期間中に研究室を訪問して指導してもらう教員を自ら決める。教員によって研究対象やルール・人数などに違いがあるため、詳しい内容は教員と接触してみない限りわからないことが多い。

卒業制作に関わらない学生もいる反面、履修した学生は4年次の学習の大半をこの研究に費やすこととなる。履修するかしないかで1年間の過ごし方が大きく異なってくる。「制作」と名が付くだけあって、最終成果物は研究成果をまとめた論文だけでなく、何らかの形で研究を実践するモノ、つまりプログラムやデザインである場合も多い。卒業制作は基本的に研究室単位で進行するため、研究室間での交流や全体での発表の機会はプロジェクトに比べて少なく、1月後半に行われる卒業制作発表会が学内では唯一の機会だ。とはいえ、学会発表など、学外に挑戦している例はけっこうある。ただ、必修科目でないため履修しない人も多く、そのため若干日陰に隠れてしまいがちな科目かもしれない。

なお新カリキュラム対象の学生が4年次になる2007年度には、自由研究という、卒業制作より軽めの科目もできるらしい。

情報戦略 (IS) コース

学部開設時は情報ストラテジーコースという名であったこのコースでは、情報化社会における組織の側面を重視した教育を行っている。膨大な情報の中から求められるものを検索・収集する能力を備え、それらを用いて数理モデルなどによる分析を行った上で解決案を提示することができるといった、組織が直面する問題解決に必要とされる戦略的意思決定を行うことのできる人材の育成が目的である。将来的には企業の企画部門の要員・情報系経営コンサルタント・ＩＴコーディネータ・応用志向のソフトウェア技術者やシステムエンジニア、さらには起業家・経営者などを目指す学生のためのコースである。

そのため、ビジネスや経済・社会を理解するための多様な考え方や知識を学ぶと同時に、社会のさまざまな組織で必要となる情報分析能力・問題解決能も力を養うべく演習が組まれている。経営学部の側面が、一番色濃く残っているコースである。

情報技術創造 (ITC) コース

このコースは、2006 年度以降の入学生を対象として新たに設立されたばかりである。文理融合の学部内において、もっとも「理」に重点を置いたコースである。

既存のＮＳコースに比べると、理工系情報学科卒業者と同等以上の専門能力を身につける事を優先したカリキュラムが組まれている点が特徴である。卒業後は情報系の大学院への進学や情報技術の専門家として、新しい技術を開発しながら問題解決をすることができる本格的な技術者の育成を目標としており、ＮＳコースよりさらに技術開発色の強いコースとなっている。

学習内容もＮＳコースの内容をベースに、さらに数理的能力の基礎を身につけるための数学科目・国際的なコミュニケーション技術を身につけるための英語科目・情報システムの設計能力を身につける科目・新たな情報技術を創造していくための卒業制作など、必修科目が数多く指定されている。

主な授業

基礎演習・総合演習

各コースの２年次には、週３時間にわたり、複数教員が担当する基礎演習（前期）・総合演習（後期）が置かれ、コースの中核をなしている。授業内容はコースごとに異なるが、どのコースの演習も毎年内容が進化している。

▶NS 基礎演習の最大の特徴は、毎週提出しなければならない「地獄のレポート」。演習前日は一睡もできない人もいるが、これで自信と根性がつくとかつかないとか。ＮＳ総合演習になると、実際のソフトウェア開発に近い状況を作って、実用システムの開発を行う。企業の新人研修並みのレベルだ、という話も。後半２ヶ月は、4・5 人がチームを組んでミニプロジェクトに取り組み、本格的なビジネスシステムを作って、実力を競う。

▶CD 基礎演習・総合演習は、それぞれが一貫したテーマの下に、企画立案、中間プレゼン、制作、ユーザテスト、発表と評価、リフレクションという流れで進む。ウェブなどネット関係のデザインだけでなく、紙媒体の情報やモノづくりなど、さまざまなメディアを組み合わせた作品ができあがる。徹底したグループワークで授業が進行するのも、CD の特色だ。

▶IS 基礎演習では、統計解析ソフトや数式処理ソフトの基礎を叩き込まれる。表計算ソフトがあればいい、なんてのんきなことは言ってられない。IS 総合演習は、モデル分析、社会調査、シミュレーションなどのテーマに分かれて掘り下げた学習を行い、社会や企業における課題の分析力や応用力を養う。

▶新しくスタートする ITC 基礎演習・総合演習について、担当の先生に聞いてみた。NS に比べてインフラ色が強いようだ。Linux サーバの構築や、ネットワークプログラムなどの新しい課題が、後輩たちを待っているらしい。

付録
学部メモ

専修大学ネットワーク情報学部

2001年4月に、既存の経営学部情報管理学科を改組転換して、専修大学六番目の学部として設置された。「ネットワークと情報技術の進展を正確に理解し、その知識を活用して人間社会に貢献する」を教育理念に掲げている。

基本となるカリキュラム

2005年度から新カリキュラムでの教育が行われているが、基本的に学部開設時の方針や枠組みが引き継がれている。

1年次は基本的に専門必修科目を全員共通で学び、基本的な情報活用能力をじっくりと修得する。講義と連動した演習科目や、頻繁な課題によって、常に自己の理解を試されることとなり、確かなものが自然と身につけられるよう仕組まれたカリキュラムとなっている。

2年次からは4つのコースに分かれてそれぞれ基本となる専門科目の学習をしていくこととなる。コースに所属してからは、各コースの学習目標にあわせた必修科目・選択必修科目が設定されている。ただし一部の授業を除き、他コースの学生も選択科目として履修することができる。

3年にはプロジェクト、4年次には卒業制作において、少人数グループや個人で特定のテーマにしぼった研究指導が行われる。

コース制

ネットワーク情報学部には4つのコースがあり、2年次よりいずれかのコースに所属してそれぞれの特性を学んでいく。

毎年11月頃にコース希望を提出して、振り分けが行われる。概ね第一希望が通るが、希望に大きな偏りがある場合には成績に基づいて選考が行われることもある。

1年次でまず情報系に共通する基礎知識を幅広く身につけ、2年次に上がる際にはそれまで学んだことを基盤にして、自分の学びたい分野・志望する職業にそって専攻を決定することができる点がメリットになっている。

ネットワークシステム (NS) コース

このコースは専門分野としてソフトウェアを中心としたコンピュータ技術とネットワーク技術を追求しており、技術を理解し、それを問題解決のために活用する人材の育成を目標としている。将来的にはソフトウェア技術者・システムエンジニア・情報系大学院進学を目指す学生を対象とした講義が中心となる。

情報技術創造コースに比べると、必修科目が必要最低限にしぼられており、様々な選択科目を組み合わせることでビジネス・デザイン・教育など多様な副目標を達成することができることが特徴である。

なお、演習授業で毎回のようにレポートとプログラムソースの提出が義務づけられるなど、学部内でも特に過酷なコースとして知られている。

コンテンツデザイン (CD) コース

このコースの「コンテンツ」とは情報の中身のことを指している。そして「コンテンツデザイン」とはネットワーク情報の設計(デザイン)をすることであり、ビジネス社会や公共機関などで何らかのコンテンツの計画・作成・企画・管理をしたり、デジタル素材を駆使したウェブページを作成して情報発信をすることができる人材の育成を目指としている。

特に「人」をターゲットにした情報表現の学習を行っており、演習授業においてはグループワークによる課題が中心となってくる。フィールドワークを通して試行錯誤しながら問題を発見したり、自分たちでテーマを探して、より魅力的に人に伝える方法を考えることによって、人と人とをつなぐルールやコミュニケーションの姿やコンテンツ制作の難しさを理解させることに力点が置かれている。

Space

16 MONKEY GALLERY

東急東横線代官山駅より徒歩5分のレンタルギャラリー。クリエーター、アーティスト達の作品発表の場となるようなOPEN&FREEなスペースを目指しているという、51 ㎡のシンプルな長方形会場。絵画・イラスト・写真・グラフィック・プロダクトインテリア・陶芸・ファッション・その他、個展・グループ展など幅広く対応。
UPSTAIRS GALLERYと運営社が同じであり、基本理念はやはりLOVE&PEACE。

➔ http://www.superplanning.co.jp/monkey/

Space

17 全労済ホール　スペース・ゼロ

JR新宿駅南口より徒歩5分。全労済が社会文化活動の一環として建設した施設。
レイアウト次第で多目的に使えるホールから美術作品展示向けのギャラリー・展示室といった478 ㎡～52 ㎡の4つの会場が貸し出されている。

➔ http://www.spacezero.co.jp/

Space

18 なぞやしき

京都大学の向かい、京都のはずれにある"なぞっぽい"古民家。古い京都の民家を解放したという独特の雰囲気を持つ会場。京間を利用した展示会が多いということではあるが、その使い道は使う人次第。ある時は居住空間であり、時にはイベントやギャラリースペースとなる。古き良き時代の雰囲気を活かしつつ、人々の交流の場としてのいろいろな可能性を模索しているという、変り種のレンタルスペース。

➔ http://www.geocities.jp/nazoyashiki/

Space 08 新宿区立区民ギャラリー

緑豊かな新宿中央公園内に位置する「エコギャラリー新宿」の1階部分に存在する区民ギャラリー。260㎡の全面、またはその半面を利用することが出来る。
絵画・書道・写真など、日ごろの文化・学習活動の成果を発表・展示する場としての利用を推進しており、区内在住者は利用料が割引となる。

➔ http://www.shinjuku-ecocenter.jp/

Space 09 ギャルリー　トラン・デュ・モンド

西武新宿駅北口正面、KM新宿ビルの9階にある会場。木のぬくもりのある床と白い壁面、窓から入る自然光で明るいスペースを売りとしており、140㎡または114㎡のどちらかのパターンで使用ができる。大型パネルの変化によって区切りは自由に変更可能。利用料は学割あり。写真・絵画・書等や大作・立体作品など幅広く展示することができ、個展・グループ展などへの利用を推進している。

➔ http://www3.ocn.ne.jp/~km-p/

Space 10 文京区シビックセンター

文京区は後楽園駅すぐそばにあるシビックセンター。その一階部分・アカデミー文京が貸し展示室となっている。規模は200～64㎡の4種類。附帯設備も多い。

➔ http://www.city.bunkyo.lg.jp/shisetsu/civic/index.html

Space 11 横浜市民ギャラリー

JR関内駅の南改札口を出て右側正面、横浜市教育文化センター内にある会場。
997～156㎡の大小さまざまな展示室が6部屋ある。
なお同ホームページ内には、横浜市内の美術情報として他の展示会・会場の情報を集めたデータベースも存在しており、類似情報を探すには重宝する。

➔ http://www.yaf.or.jp/ycag/

Space 12 Gallery LE DECO

渋谷駅東口を出て明治通りを徒歩5分のルデコビル内、2階から6階までがそれぞれ60㎡のギャラリーとなっている。それぞれのフロアで異なる内装をしており、どこを選ぶかによって展示品の見せ方も大分変わってくる作りとなっている。
平面や立体の作品展示会のほか、演劇やパフォーマンスなど従来のギャラリーの在り方にとらわれない様々な表現が試されている会場。

➔ http://home.att.ne.jp/gamma/ledeco/

Space 13 ギャラリー下北沢

小田急線・井の頭線下北沢駅南出口より徒歩2分。
全面積は約14坪。
主として写真・絵画・彫刻・美術・工芸等作品の展覧会会場として貸し出されており、使用期間は原則として6日間を1単位となっている。

➔ http://www.d3.dion.ne.jp/~hst/

Space 14 LAPIN ET HALOT

東京メトロ銀座線・千代田線・半蔵門線表参道駅より徒歩5分の会場。
1Fアートフロア『ギャラリーラパン（54㎡）』は美術品・工芸品のみの展覧会場、
B1Fホールフロア『ホールアロ（82㎡）』ではそのほか映像作品もあつかえる発表会場として、個展やグループ展向けに貸し出されている。

➔ http://www.lapin-et.com/

Space 15 UPSTAIRS GALLERY

東急東横線代官山駅北口より徒歩3分のレンタルギャラリー。絵画・イラスト・
オブジェ・写真・デザイン・映像他、アートに関連する作品の展示スペースとして貸し出されている。理念はLOVE&PEACE。31.7㎡という小規模ながら、学割50%OFFという学生には嬉しい割り引きもある。

➔ http://www.mrfriendly.co.jp/gallery/

付録：参考サイト

展示会場

Space 01 HILLSIDE TERRACE

第一回コウサ展が開催された代官山ヒルサイドテラス・アネックスA棟の他、8棟のレンタルスペースが存在している。各施設がいずれも形式・内装等の異なっていることにより、さまざまな用途に合わせ使い分けることが出来るような設計である。広めの本格的な展覧会スペースから催し物・セミナー・コンサートまで、多目的に対応した設備を誇っている。

➔ http://www.hillsideterrace.com/

Space 02 日本科学未来館

第2回、第3回コウサ展の開催場所。

『イノベーションホール』の他、講演・セミナー等に利用できる『みらいCANホール』や3つの会議室といった貸し出し施設がある。ただしその利用は原則として、科学技術の振興や学校教育等に関する内容に限られている。

➔ http://www.miraikan.jst.go.jp/

Space 03 横浜赤レンガ倉庫

みなとみらい線「馬車道駅」または「日本大通り駅」より徒歩約6分。

絵画・写真などの各種展示を始め、ワークショップなどにも適した展示スペースが3つと、演劇・ダンス・音楽・映画などに適した劇場スタイルのホールがある。屋外イベント広場との一体利用で、大規模複合イベントも開催可能。

➔ http://www.yokohama-akarenga.jp/hall_space/

Space 04 AXIS GALLERY

六本木駅3番出口から徒歩約8分。

展覧会、展示会、講演会、セミナーなどに使用できる面積約220㎡、高さ3.0mのギャラリースペースがレンタルできる。

➔ http://www.axisinc.co.jp/html_f/gallery.html

Space 05 東京デザインセンター

JR山手線五反田駅東口より徒歩2分。

デザイン・インテリア商品、IT関連、ファッションなど、さまざまな商品のプレス発表の場として利用されている他、学外展示会を考えている学生の活動を積極的に支援するべく、会場使用料も特別料金を設定している。

大きな吹き抜けのあるB2のメインフロアと、中2階のようになったB1ギャラリーの2フロアで構成されている。

➔ http://www.design-center.co.jp/rental_space/index.html

Space 06 東京国際フォーラム

7つのホールをはじめ展示ホールや33の会議室を備えた、東京の中心で文化と情報を国際規模で発信するコンベンション＆アートセンター。

いわずと知れた大規模イなベントで有名な場所だが、大小さまざまの会議室を利用することで小規模の展示会にも対応する貸し会場となっている。

➔ http://www.t-i-forum.co.jp/general/index.php

Space 07 科学技術館

1階の催物場（エキシビションホール）は11のブロックに分けられており、全体で約3,700㎡という大規模なスペースを規模に応じて借りることが出来る。

科学技術館だけあり、各種の技術展・製品発表会を推進している。

他に、講演会などに適したサイエンスホール。小規模なセミナー・発表会向きの会議室がある。

➔ http://www.jsf.or.jp/

Exhibition

**和大生の CG アート展
GAKUSEI**

和歌山大学システム工学部生たちによる学外展示会。自主演習という大学独自の後押しが背景にはあるものの、創作活動や展示会の企画・開催を通して経験を積み、かつ近隣の人々との交流を図ろうといった意図から学生が独自に行った展示会。
来場者とのコラボレーション企画の実行など、美術系展示に多い発表者からの一方的な情報発信だけでなく、見る側との交流もかねた作りはコウサ展とも通じるものがある。参考としてあげているページでは、製作物の一覧・進行計画表、アンケート集計結果などのさまざまな情報がまとめられている。

➲ http://www.crea.wakayama-u.ac.jp/project/2005/box_2005.pdf

Exhibition

千葉県内理工系大学展示会

千葉県内の理工系大学・短大・工業高等専門学校の所蔵資料の展示や研究成果の公開する展示会で、千葉県立現代産業科学館を会場に 8 大学が参加した。
各大学の理工系学部から出展された研究発表が多いのと同時に、大学側からも広報活動の一環として、広報委員会・入試実行委員会などといった出展が催された。
出展者側には学生が少ないものの、研究成果のプレゼンテーションなどはコウサ展と似た形式のものが多い。

➲ http://www.cmsi.jp/doc/event/17/17event.html#rikoukei

Exhibition

**えどがわ伝統工芸産学公プロジェクト
江戸川伝統工芸+ vol.3**

2006 年 1 月にタワーホール船堀で行われた、えどがわ伝統工芸産学公プロジェクトの作品発表会。このプロジェクトは、伝統工芸者と多摩美術大学・女子美術大学・東京造形大学学生らの提携で新たな伝統工芸を育もうと実行されているもので、そもそもは江戸川区の呼びかけで始動したようだが、展示会の企画・実行は学生主体で行われていた。
2006 年の催しが vol.3 とある通りに、年々実行者が変わりながらも引き継がれており、今年は東京国際フォーラムでアンコール展示会も行われた。

➲ http://www.ei-net.city.edogawa.tokyo.jp/dentou/01_topix/060217a/

Exhibition

**慶應テクノモール 2006
第 7 回慶應科学技術展**

慶應義塾先端科学技術研究センターが主催する展示会、KEIO TECHNO-MALL。
慶應義塾大学の保有技術、萌芽的研究にじかに触れることができるデモンストレーションを中心とした技術展示会であり、2000 年より毎年東京国際フォーラムで開催されている。大学の研究成果がキャンパスの外で一堂に会して紹介される、と言う点ではコウサ展と類似しているが、こちらの出展者は教師陣のみとなっている。

➲ http://www.kll.keio.ac.jp/ktm2006/

Exhibition

**多摩美術大学情報デザイン学科
出来事のかたち展**

多摩美術大学情報デザイン学科による展示会。卒業制作展とは別に開催され、各学年の主な授業とその成果が展示される。
一期生がこの展示会を見に行ったことが、第一回コウサ展のきっかけになったらしい。

➲ http://www.idd.tamabi.ac.jp/studio3/2006/exhibition/index.htm

著者紹介

デザイン統括 第6章 展示会ノウハウ コラム01/04/05/06/07

Author

尾崎 仁美

専修大学 ネットワーク情報学部 三期生
コンテンツデザインコース

以前からやってみたいと思っていたことを実現させてくれたのがコウサ展でした。コウサ展に携わったことで、本当にたくさんのことを学び、色々な気持ちをもらいました。これからもさまざまな事に携わっていきたいです。

第1章 付録学部メモ 付録参考サイト

Author

蓮原 久恵

専修大学 ネットワーク情報学部 三期生
コンテンツデザインコース

自分は割合夢のない人間です。やりたいことは沢山あるのに、どうして夢じゃないんだろう。意志の強さの問題か。夢の限界が自分の限界だからか。夢って難しいです。夢を持つのは難しいことじゃないのに。

第2章 第3章 コラム08/09

Author

高須賀 悠

専修大学 ネットワーク情報学部 三期生
ネットワークシステムコース

コウサ展実行委員の時も、コウサ本を作っているときも、途中で「面倒くさい」という思いが何度か頭をよぎった。でも、やっぱり最後までやるのは楽しいし、気持ちいい。途中でモチベーションが下がらなければ言うことなし。

第5章 おわりに コラム02/03

Author

山本 洋

専修大学 ネットワーク情報学部 三期生
コンテンツデザインコース

夢だけでなく、目標にもしたほうが良いと思う。
目標は達成できるもの。夢は適うもの。
達成して、適えてきたからこの本が出来上がっているのだと思いました。

第4章

Author

平戸 由美

専修大学 ネットワーク情報学部 三期生
コンテンツデザインコース

この本を作っている最中、「夢もロマンもない大人にだけはなりたくないな」と思いました。現実ばかりじゃ息が詰まってしまう。学生の間はもちろん、社会人になっても、もっと年をとっても、少しでいいから夢を持ち続けたいですね。

はじめに

Editor

山下 清美（編集代表）

専修大学 ネットワーク情報学部 教授

わたしにとっては、コウサ展とコウサ本こそが、最近で一番うれしかった夢の実現です。プロジェクトや卒業制作もそうですが、「学生たちはきっとやってくれるに違いない」と信じ続けることが大事だ、と思っています。

学生が実現した展示会―ボクらのコウサ展ものがたり―

2007年2月1日　第1版第1刷
2009年4月1日　第1版第3刷

編著者　コウサ本制作委員会

発行者　渡辺　政春

発行所　専修大学出版局
　　　　〒101-0051　東京都千代田区神田神保町3-8
　　　　　　　　　　㈱専大センチュリー内
　　　　　　電話　03-3263-4230㈹

組　版　コウサ本制作委員会

印　刷
製　本　株式会社加藤文明社

ⓒKiyomi Yamashita et al. 2007　Printed in Japan
ISBN 978-4-88125-193-5